U0476042

现代篮球运动的多元理论分析与发展研究

黄元华 著

吉林出版集团股份有限公司
全国百佳图书出版单位

图书在版编目(CIP)数据

现代篮球运动的多元理论分析与发展研究 / 黄元华著. -- 长春 : 吉林出版集团股份有限公司, 2024.7.

ISBN 978-7-5731-5502-3

Ⅰ.G841

中国国家版本馆CIP数据核字第20248P84M3号

现代篮球运动的多元理论分析与发展研究
XIANDAI LANQIU YUNDONG DE DUOYUAN LILUN FENXI YU FAZHAN YANJIU

著　　者：	黄元华
责任编辑：	矫黎晗
装帧设计：	沈加坤
出　　版：	吉林出版集团股份有限公司
发　　行：	吉林出版集团青少年书刊发行有限公司
地　　址：	吉林省长春市福祉大路5788号
邮政编码：	130118
电　　话：	0431-81629808
印　　刷：	北京亚吉飞数码科技有限公司
版　　次：	2025年3月第1版
印　　次：	2025年3月第1次印刷
开　　本：	710mm×1000mm　1/16
印　　张：	15.25
字　　数：	258千字
书　　号：	ISBN 978-7-5731-5502-3
定　　价：	86.00元

如发现印装质量问题，影响阅读，请与印刷厂联系调换。电话：010-82540188

前言

篮球作为一项风靡全球的体育运动项目，自诞生以来便不断发展演变，成为现代社会中一种非常重要的体育文化现象。《现代篮球运动的多元理论分析与发展研究》一书旨在全面、深入地探讨现代篮球运动的各个方面，从多个维度对其进行理论分析，并展望其未来的发展趋势。通过多元的理论分析，本书试图全面揭示现代篮球运动的内在规律和发展趋势，为篮球运动的实践提供理论支持，为推动篮球运动的健康发展贡献力量。希望广大读者能够从中受益，共同推动篮球运动的繁荣与进步。

本书共有七章内容。第一章将对篮球运动的起源、发展历程以及现代篮球的基本特点等进行概述。通过对篮球运动的历史回顾和现状分析，为后续的深入讨论奠定基础。第二章将聚焦校园篮球的教学实践。通过分析现有的教学理论和方法，探讨如何在校园内更有效地推广和普及篮球运动，同时提出创新性的教学思路和策略。第三章将关注篮球运动在健身领域的价值和应用。通过分析篮球运动对身体健康以及社会适应能力的促进作用，探讨如何更好地发挥篮球运动的健身功能，推动其在大众健身中的普及发展。第四章将深入探讨竞技篮球的训练理论和实践。通过分析高水平篮球运动员的训练方法和手段，总结成功的训练经验，为提升我国竞技篮球水平提供理论支持和实践指导。第五章关注篮球竞赛的组织、管理和优化。通过分析现代篮球竞赛的特点和规律，探讨如何提升竞赛的公平性和观赏性，推动篮球竞赛的健康发展。第六章着重讨论篮球后备人才的培养问题。通过分析现有的人才培养体系，提出改进和完善的建议，为篮球运动的可持续发展提供人才保障。第七章分析篮球运动产业的发展趋势。通过把握篮球产业的现状和未来发展方向，探讨如何推动篮球产业的高质量发展。

总体而言，本书具有以下几个特征。

第一，系统性。本书对篮球运动的整个系统进行了全面的梳理，包括校园篮球、竞技篮球、健身篮球、篮球产业以及篮球后备人才的培养，无论对现代篮球教学还是对发展竞技篮球都具有较高的指导价值。

第二，实用性。本书从理论出发，又指向具体的现实，无论是对人才培养和选拔、篮球教育质量提升、篮球健身选择，还是篮球产业的发展，都给出具体、详尽、具有可行性的指导，对篮球的各个领域都具有较大的现实指导作用。

第三，创新性。篮球是一项非常注重创新的体育运动，本书在撰写的过程中，基于国内外众多学者的研究成果，并结合笔者自身的多年工作经验，从创新的角度切入，特别是关于人才培养和篮球产业发展等内容，做了一些新的尝试，希望能够对我国现代篮球运动的发展给出新的研究思路和有价值的参考。

总之，本书在全面分析现代篮球运动多元理论的基础上，对篮球各个分支的未来进行了大胆分析，并给出一些建设性的发展策略。尤其在篮球后备人才培养、篮球教学以及未来篮球产业的高质量发展方面，都提出了科学有效的方法和建议，具有重要参考意义。

本书在撰写过程中参考并借鉴了很多专家、学者的研究成果，在此表示诚挚的感谢。由于笔者水平有限，书中难免有不妥与疏漏之处，敬请广大读者批评指正。

贵州大学　黄元华
2024年3月

目录

第一章　现代篮球运动概论　　1

　　第一节　篮球运动的起源与发展　　1
　　第二节　篮球运动的特点与价值　　4
　　第三节　篮球运动的基本常识　　11
　　第四节　篮球运动的文化内涵　　14
　　第五节　现代篮球技战术的发展现状与趋势　　18

第二章　校园篮球的教学理论分析与创新发展　　23

　　第一节　校园篮球运动基础教学理论指导　　23
　　第二节　校园篮球教学的组织与实施　　29
　　第三节　校园篮球精品课程建设　　35
　　第四节　我国校园篮球教学现状与改革创新　　41
　　第五节　国外校园篮球发展情况及对我国的启示　　46
　　第六节　智慧体育在校园篮球中的应用　　53

第三章　篮球运动健身的理论分析与普及发展　　57

　　第一节　篮球健身的科学原理、原则与方法　　57
　　第二节　业余篮球健身中的技术学习　　68
　　第三节　篮球健身的科学医务监督　　82

第四节　群众参与篮球健身活动的现状与建议　　　　　　　85
第五节　全民健身背景下篮球运动的全民推广　　　　　　　90

第四章　竞技篮球运动训练的理论分析与高水平发展　　99

第一节　现代竞技篮球的现状与发展趋势　　　　　　　　　99
第二节　竞技篮球运动训练的理论基础　　　　　　　　　　103
第三节　竞技篮球运动训练的原则与方法　　　　　　　　　105
第四节　竞技篮球运动训练的质量监控　　　　　　　　　　109
第五节　高水平竞技篮球运动员体能与技能训练指导　　　　111
第六节　现代竞技篮球高质量发展的路径　　　　　　　　　127

第五章　现代篮球运动竞赛的理论分析与优化发展　　131

第一节　篮球竞赛规则变化对篮球运动的影响　　　　　　　131
第二节　高水平的欧美职业篮球联赛　　　　　　　　　　　140
第三节　篮球运动竞赛的科学组织与管理　　　　　　　　　143
第四节　我国青少年篮球竞赛的发展　　　　　　　　　　　151
第五节　CBA联赛的优化发展策略　　　　　　　　　　　　155

第六章　现代篮球运动后备人才培养的理论分析与可持续发展　163

第一节　篮球后备人才及其培养理论　　　　　　　　　　　163
第二节　篮球后备人才培养现状与困境　　　　　　　　　　168
第三节　构建体教融合的篮球后备人才培养模式　　　　　　171
第四节　推动篮球运动后备人才培养可持续发展的路径探索　179

第七章　篮球运动产业的理论分析与高质量发展　　193

第一节　篮球运动产业基本理论　　　　　　　　　　　　　193

第二节　我国篮球场馆服务业现状与高质量发展　　　197
第三节　我国篮球用品销售业现状与高质量发展　　　208
第四节　我国篮球培训业现状与高质量发展　　　214
第五节　我国篮球竞赛表演业现状与高质量发展　　　219

参考文献　　　231

第一章　现代篮球运动概论

篮球运动是一项具有集体性、技术性、对抗性、综合性特点的体育运动，具有广泛的影响力。本章将对篮球运动的起源与发展、篮球运动的特点与价值、篮球运动的基本常识、篮球运动的文化内涵以及现代篮球技战术的发展现状与趋势进行阐述。

第一节　篮球运动的起源与发展

一、篮球运动的起源

篮球运动起源于1891年的美国，由马萨诸塞州斯普林菲尔德市基督教青年会训练学校的体育教练詹姆士·奈史密斯博士发明。他最初是为了给学生们提供一种适合室内运动的项目，于是将两个装桃的篮子钉在学校健身房楼上看台的两端，以橄榄球作为比赛用具，向篮内投掷。之后，这一运动逐渐发展完善，形成了现今的篮球运动样态。

在1892年，奈史密斯博士制定了13条比赛规则，后逐步修改和增加条款，出场人数也逐渐减少，直至规定每队5人，发展成为现代的篮球运动。篮球运动迅速传播，1895年，美国各大学开始把它作为一项竞技运动，1898年成立了第一个职业联盟。

1904年，圣路易斯奥运会上第1次进行了篮球表演赛。1932年，FIBA（国际篮球联合会）在瑞士成立，篮球运动进一步得到国际社会的认可和推广。1936年，柏林奥运会上，男子篮球被列为正式比赛项目，篮球运动正式成为奥林匹克运动的一部分。

随着篮球运动的发展和普及，篮球比赛的规则和技巧不断完善和创新，使篮球成为一项深受全球人民喜爱的体育运动。同时，篮球运动也承载着丰富的文化内涵，体现了团队精神、拼搏精神、公平竞争等体育价值，成为现代社会文化的重要组成部分。

二、篮球运动的发展概况

篮球运动自诞生以来，经历了漫长的发展历程。从最初作为室内运动项目发明，到现在成为全球范围内广受欢迎和关注的体育运动，篮球运动在规则、技术、战术和商业化等方面都取得了巨大成功。

（一）篮球运动规则的不断完善和进化

自詹姆士·奈史密斯博士最初制定13条比赛规则以来，篮球规则经过多次修改和增加，以适应比赛发展的需要。这些规则的变化涉及比赛时间、球场尺寸、球员人数以及犯规和违例的判定等方面，旨在确保比赛的公平性和有序性。同时，随着篮球运动的国际化，国际篮球联合会的成立和全球统一规则的制定，则进一步推动了篮球运动的规范化发展。

（二）篮球技战术在不断发展

随着球员技术的提高和比赛节奏的加快，篮球运动在进攻和防守方面都出现了许多新的战术和技巧。例如，紧逼防守、换位进攻、三分球等战术和技巧的引入，使比赛更加激烈和有趣。同时，电子计时器和录像回放技术等现代科技的广泛运用，也提高了比赛的公平性和观赏性。

（三）篮球产业取得显著的商业成就

职业篮球比赛的竞技水平和技艺化程度，让篮球运动产生了特殊的社会性魅力和经济效益。职业篮球俱乐部在全球范围内广泛建立，职业性竞赛的商业化行为日益规范，并逐步形成一种新兴产业。这不仅为篮球运动的发展提供了强大的经济支持，也进一步推动了篮球运动的普及和推广。

（四）篮球运动的文化内涵不断丰富

篮球运动不仅是一项体育运动，更是一种社会文化现象。篮球运动所蕴含的团队精神、拼搏精神、公平竞争等体育价值已经成为现代社会文化的重要组成部分。同时，篮球运动也在教育、健身、娱乐等方面发挥着越来越重要的作用，成为现代社会不可或缺的一部分。

第二节　篮球运动的特点与价值

一、篮球运动的特点

（一）空间对抗性

篮球运动在三维空间中进行，运动员需要在高度、宽度和深度三个维度上展开竞争。在进攻时，运动员需要充分利用身高优势，通过跳跃、投篮等方式将球送入篮筐；在防守时，则需要通过抢位、盖帽等方式阻止对方的进攻。这种在立体空间中的全方位对抗使篮球运动具有独特的魅力。

第一，空间对抗性体现在运动员对"制空权"的争夺上。在篮球比赛中，谁能掌握"制空权"，谁就能在比赛中占据主动。因此，运动员需要具备良好的跳跃能力和空中技巧，以便在争夺篮板球、盖帽等关键时刻占据优势。

第二，空间对抗性要求运动员具备出色的空间感知能力。在比赛中，运动员需要时刻关注场上的空间变化，判断对手和队友的位置，以便作出正确的决策。这种空间感知能力不仅有助于提高运动员的技术水平，还有助于培养他们的战术意识和团队协作能力。

第三，空间对抗性体现在篮球运动的战术运用上。教练和运动员需要根据场上形势和对手特点，制定合理的战术方案，以充分利用空间优势。例如，综合运用快攻、三分球等战术手段，打破对方的防守体系，取得比赛胜利。

（二）集体性和对抗性

篮球运动是一项集体性极强的运动项目，每名队员在场上都扮演着重要的角色，相互之间的配合与协作是取得胜利的关键。集体性体现在队员间的默契配合和共同目标达成上，每名队员都需要明确自己的职责，通过团队的力量来战胜对手。

在篮球比赛中，每名队员都有明确的分工，如中锋、控球后卫、小前锋、得分后卫和大前锋等。这些角色定位并不是孤立的，相反，需要相互协作，共同完成进攻和防守任务。例如：控球后卫负责组织进攻和助攻，但当他发现投篮机会出现时，也会毫不犹豫地出手；中锋则在篮下发挥身高优势，抢夺篮板球和防守篮筐。这种分工与协作相结合的集体性要求使篮球运动成为一项需要高度默契和团队配合的运动。

同时，篮球运动也是一项对抗性极强的运动。在比赛中，双方队员需要展开激烈的争夺，通过身体接触、快速奔跑、突然起跳等方式来争夺球权和控制比赛的节奏。对抗性不仅体现在身体对抗上，还体现在战术对抗和心理对抗上。双方队员需要根据对手的战术特点和球员能力，制定有效的应对策略，同时保持稳定的心理状态，以应对比赛中的各种挑战。

此外，篮球运动的对抗性还体现在规则的运用上。篮球比赛有着严格的规则，这些规则不仅约束了队员的行为，也保证了比赛的公平性和激烈性。

（三）健身性和增智性

篮球兼具健身性和增智性，因此受到广泛的关注。

首先，篮球运动的健身性体现在多个方面。通过参与篮球运动，人们可以有效提高身体素质，包括力量、速度、耐力、灵敏性和协调性等。在篮球场上，无论是奔跑、跳跃，还是投篮，都需要全身肌肉群的协调配合，从而促进身体各部位肌肉的发展。此外，篮球运动还可以提升人体心肺功能，促进心血管系统的健康。

其次，篮球运动具有显著的增智性。在篮球比赛中，运动员需要灵活运用各种技术和战术，根据场上形势迅速作出判断和决策，并采取相应行动。这不仅要求运动员具备较高的身体素质，还需要他们拥有敏锐的洞察力和快速的反应能力。通过参与篮球运动，人们可以锻炼自己的思维能力、判断能力和应变能力，提升自己的智力水平。

由于篮球还是一项团体运动，需要运动员之间的默契配合和团队协作。在篮球场上，运动员们需要相互信任、相互支持，通过团队协作来战胜对手。这种团队精神和协作能力也是篮球运动增智性的重要体现。

此外，篮球运动还可以培养人们的意志品质和心理素质。在篮球比赛中，运动员需要面对各种困难和挑战，如比分落后、对手强大等。通过克服这些困难，运动员可以提升自己的意志品质和心理素质，使自己变得更加坚强和自信。

（四）技战术的多样性和复杂性

篮球的技战术十分丰富，且非常复杂。这也是篮球具有极强的观赏性的主要原因之一。由于技术和战术的相互交织，篮球运动充满挑战和变数，因此吸引着无数球迷为之疯狂。

在进攻端，运动员可以运用多种技术动作，如持球突破、移动、传球、投篮等，以创造得分机会。持球突破技术能够利用脚步和运球超越对手，为投篮或分球创造机会；移动技术则帮助运动员在场上找到最佳位置，为接球、进攻或防守做好准备；传球技术是球队进攻的纽带，通过精准的传球打破对手的防守；投篮技术则是得分的直接手段，需要运动员在对手防守下寻找投篮空间并准确命中。

在防守端，篮球运动同样要求运动员掌握多种技战术。防守时，运动员需要运用移动技术抢占有利位置，通过抢篮板球、断球、盖帽等方式阻止对方的进攻。此外，团队防守策略的制定和执行也是防守端技战术多样性的体现。

另外，在比赛中，运动员需要根据场上形势和对手特点，灵活地运用各种技战术。这需要运动员具备丰富的篮球知识和经验，能够准确判断比赛形势并作出合理决策。同时，篮球运动中的技战术运用还受到规则、场地、时间等多种因素的制约，这都增加了技战术的复杂性。

教练需要根据球员的特点、对手的情况、场上形势的变化，制定有针对性的战术方案。因此，球队的整体战术也同样具有多样性和复杂性，包括进攻战术、防守战术、转换进攻和防守的策略等。每名球员都需要在比赛中理解并执行教练的战术意图，通过团队的力量来战胜对手。

（五）职业性

20世纪90年代，职业篮球运动员获得国际奥委会的允许后开始参加奥运会篮球项目比赛，这加速了世界篮球运动的职业化进程。以下是篮球运动职业性特点的具体体现。

篮球运动具有高度的专业化和系统化。在职业篮球领域，运动员们经过长期的专业训练，掌握了精湛的技术和战术。他们不仅需要具备出色的身体素质，还需要拥有卓越的运动智能和心理素质。同时，篮球运动还拥有完善的竞赛体系和规则制度，以确保比赛的公平性和规范性。

篮球运动具有明确的职业分工和角色定位。在职业篮球队中，每名运动员都有明确的职责和角色，如控球后卫负责组织进攻，中锋负责篮下防守和进攻等。这种分工使球队在比赛中能够形成有效的团队协作，从而发挥出最强的战斗力。

篮球运动具有较高的商业价值。职业篮球赛事吸引了大量的观众和赞助商，为球队和运动员带来了丰厚的收入。同时，篮球运动员们通过参加商业活动、代言品牌等方式，也实现了个人价值的最大化。

篮球运动还具有强烈的竞技性和挑战性。职业篮球比赛是运动员们展示才华、实现梦想的舞台，他们通过不断挑战自我、突破极限来追求更高的荣誉和成就。这种竞技精神和挑战意识也是篮球运动职业性的重要体现。

（六）观赏性

篮球运动展现出的高度技巧性为观众带来了丰富的视觉享受。运动员们在比赛中展示出各种高难度的技术动作，如精准的投篮、华丽的过人、灵活的转身等，这些技术动作的完美呈现让观众仿佛置身于一场技艺的盛宴之中。篮球运动还以其激烈的身体对抗吸引观众的眼球。在篮球场上，运动员们通过身体接触、力量对抗等方式争夺控球权和控制比赛的节奏，这种激烈的身体对抗不仅考验着运动员的体力和毅力，也为观众带来了紧张刺激的观赛体验。

对于篮球迷而言，观看高水平球队的比赛还可以欣赏其战术的多样性和精彩之处，这同样是一种难得的智力和美学的享受。在比赛中，教练和运动员根据对手的特点和场上形势，灵活运用各种战术，如快攻、联防、盯人等，这些战术的运用不仅使比赛更加激烈和多变，也让观众能够欣赏到篮球运动的智慧与策略之美。

篮球运动还注重团队精神和协作能力，这也是其观赏性的重要体现。在比赛中，运动员们需要相互信任、相互支持，通过团队协作来战胜对手，这种团队精神不仅让比赛更加精彩，也让观众感受到了篮球运动的独特魅力。

二、篮球运动的价值

（一）健康价值

篮球是一项全身参与的运动项目，因此打篮球有利于人的身体健康，促进身体循环代谢，提高最大摄氧量和改善血液质量，进而增强心血管系统的功能。在运动中，心脏和血管得到了锻炼，血液循环加速，为身体各个器官输送充足的氧气和养分，从而提高身体的工作质量。同时，篮球运动能够加速冠状动脉的血液流动，预防各种心脏病，能增强免疫力，促进消化系统的功能提升，免受肠胃疾病等的困扰。同时，对自身的力量、耐力、灵敏度、速度等运动素质也能进行全面的锻炼和提高。比如，通过全身的运动，篮球可以使身体各部位的肌肉得到锻炼，特别是手臂、腿部、腰部等部位的肌肉。长期打篮球不仅可以增强肌肉的力量和耐力，还可以预防肌肉劳损和酸痛等问题。坚持长期打篮球还可以提高关节的强度和灵活性，增强骨骼的密度和强度，有利于身高增长。在打篮球的过程中，需要不断地跑、跳、转身等，这些动作对锻炼关节和骨骼非常有益。

由于篮球运动是一项消耗大量能量的运动，因此这项运动有助于控制体重和塑造形体。通过运动，身体可以消耗多余的脂肪和热量，促进新陈代谢，从而改善体形和保持健康的体态。

（二）审美价值

篮球运动的审美价值体现在多个层面，既包含运动员的矫健之美，也包括队员之间默契配合的协作之美。具体体现为以下几点。

1.力与美的完美结合

在篮球场上，运动员们通过快速奔跑、灵活转身、准确投篮等动作，将力量与技巧融为一体，展现出一种独特的运动美。他们的身体线条在运动中显得流畅而有力，每一个动作都充满了力量感和节奏感，给人一种强烈的视觉冲击力。

2.团队协作的艺术之美

篮球是一项团队运动，需要运动员相互信任、默契配合，通过团队的力量战胜对手。在比赛中，人们可以看到运动员通过精准的传球、默契的跑位、巧妙的战术配合，展现出一种高度统一的团队美。这种团队美不仅体现在比赛结果上，更体现在比赛过程中，体现在运动员之间的默契与协作上。

3.个性与风格的多元之美

每名运动员都有自己独特的篮球技术风格，他们在比赛中展现出不同的个性特点，使篮球运动更加丰富多彩。有的运动员擅长突破得分，有的擅长外线投篮，有的擅长抢篮板球等，这些不同的技术风格和个性特点为篮球运动增添了更多的魅力。

4.积极进取之美

篮球运动快节奏的攻防特点成了一种具有广泛社会影响力的文化现象。通过参与篮球运动，人们可以感受到篮球文化所传递的积极向上的精神力量。

（三）社会价值

篮球运动的社会价值体现在多个方面，它不仅是一项体育竞技活动，更是一种具有广泛社会影响的文化现象。

首先，篮球运动有助于培养团队协作精神和领导力。在篮球比赛中，球员们需要相互配合，通过团队的力量去战胜对手。这种合作过程有助于培养人们的团队协作意识和集体荣誉感。同时，篮球运动也需要球员们具备一定的领导力和决策能力，这有助于他们在日后的生活和工作中更好地担任领导角色。

其次，篮球运动有助于促进社交互动和人际关系。篮球比赛和锻炼为人们提供了结识新朋友和建立社交网络的机会。在篮球场上，人们可以通过共同的兴趣爱好和目标，建立起深厚的友谊和信任。此外，篮球还通过全民健身活动、公益赛事等形式，推动社会层面的交往与互动，增强了社会凝聚力和团队精神。同时，篮球运动还承载着文化传播和交流的重要使命。作为一种全球性的运动，篮球促进了不同国家间文化交流与融合。通过篮球比赛和交流活动，人们可以更好地了解其他国家和地区的文化、风俗和习惯，增进相互之间的理解和友谊。

随着篮球产业的不断发展，篮球运动还具有客观的经济价值。职业篮球联赛——如"NBA"（美国职业篮球联赛）为国家经济带来巨大收益，包括门票、赞助和媒体收益等方面。同时，篮球产业链的形成直接创造了就业机会，包括球队管理、教练员、球员、裁判员、运动器材制造商以及相关赛事的组织人员等。因此，通过积极推广和普及篮球运动，可以让更多的人了解和参与这项充满魅力的运动。

第三节　篮球运动的基本常识

篮球运动是当今社会普及度较高的一种球类运动项目。无论是教学、竞技还是休闲健身，篮球都承载着一部分重要使命。因此，全面地了解篮球运动的基本常识，将有助于人们更加全面地参与和享受这项运动。

一、篮球运动的基本设置

篮球运动的基本设置主要包括场地、器材、球队设置以及比赛规则等方面。

（一）场地

篮球场地是一块长28米、宽15米的长方形平地，具有清晰的界线。界线外至少2米以内不得有任何障碍物，以确保运动员的安全和比赛的顺利进行。场地包括边线、端线、中线和三分线等标识线，这些线条确定了球员的活动范围和投篮得分的不同区域。

（二）器材

篮球器材主要包括篮球、篮球架、篮板等。篮球必须符合FIBA或NBA等组织规定的标准，以确保比赛的公平性和安全性。篮球架和篮板的高度和尺寸也有严格规定，以确保比赛的规范进行。

（三）球队设置

篮球比赛通常由两队各5名球员组成，每队有一名队长。球员在比赛中需要遵守比赛规则，包括进攻、防守、传球、投篮等基本动作，应避免犯规。球员的素质和技能水平直接影响着比赛的结果。

（四）比赛规则

篮球比赛规则是确保比赛公平、有序进行的关键。规则包括比赛时间、得分方式、犯规与违例处理等方面。例如，投篮得分根据投篮位置的不同分为两分和三分，犯规行为会导致罚球等处罚。

二、篮球运动的比赛规则

比赛规则确保了比赛的公平、有序进行，同时也为球员提供了明确的行动指南。在实际比赛中，裁判会根据这些规则对比赛进行管理和裁决。但是，不同组织或赛事可能会有特定的规则或调整，并且随着篮球运动的不断成熟和发展，竞技篮球的比赛规则也一直处于演变之中，以下仅仅是一些最基本的规则设置。

（一）比赛形式与时长

篮球比赛一般分为上下半场，每半场分为两节，共四节，每节比赛通常为10分钟。中场休息时间为15分钟，而节与节之间休息时间为130秒。若比赛结束时两队得分相同，则进行加时赛，加时赛时间一般为5分钟。

（二）得分规则

球员将球投入对方球筐可以得分。在三分线外投篮得3分，在三分线内投篮得2分，罚球得1分。

（三）球员与替换

每队出场球员为5人，必须有一名队长。替补球员数量根据比赛规定有所不同，最多可为7人。每次替换选手要在20秒内完成，替换次数不限定。替换通常发生在犯规、争球或叫暂停时段。

（四）犯规与违例

犯规包括普通犯规（如打手、阻挡、拉人、推人）和技术犯规。当球员犯规达到规定次数（国际篮球比赛为5次，NBA为6次）时，会被罚下场。违例则包括一些非正常的比赛行为，如带球走步、两次运球等。

（五）罚球

当对方球员犯规时，被犯规的球员可能会得到罚球机会。罚球时要站在罚球线后，从裁判手中接过球后5秒内投篮。投篮后，球触到篮筐前不能踩越罚球线。

第四节　篮球运动的文化内涵

篮球运动的文化内涵丰富多样，它不仅是一项运动竞技活动，更是一种具有广泛社会影响的文化现象。本节将从篮球物质文化内涵、篮球制度文化内涵、篮球精神文化内涵几个方面进行阐述。

一、篮球文化的概念

篮球文化是指观赏和参与篮球运动的人的思维方式和行为方式的制度化凝结，是篮球运动的知识、技能、习俗和制度的总称。它涵盖了篮球运动的物质、制度、精神等多个层面，核心是篮球价值观的群体共识，实质是篮球运动的"人化"和"化人"。

具体来说，篮球文化包含篮球物质文化、篮球制度文化、篮球精神文化等几个内涵。

二、篮球物质文化内涵

篮球物质文化内涵主要体现在与篮球运动相关的物质实体和设施上。这些物质元素不仅是篮球运动得以顺利进行的基础保障，更是篮球文化的重要组成部分。

（一）篮球器材和场地设施

篮球、篮球架、篮球场等都是篮球运动不可或缺的元素，是篮球物质文化的基础。篮球的质量和性能直接影响到比赛的进行和运动员的表现，而篮球场的规格和设施则关系到运动员的训练效果和比赛体验。例如，室内篮球场的标准尺寸为28米长、15米宽，地板材质应具备良好的弹性和耐磨性，以减轻运动员的运动负荷并减少运动伤害的发生。

（二）篮球运动服装和装备

篮球运动员的服装不仅具有保护身体、增强运动表现的功能，还体现了时尚和个性的元素。篮球鞋、护具等装备则能有效保护运动员免受运动伤害，提高运动表现。

以上这些都是篮球物质文化的重要体现。另外，篮球运动相关的辅助设施和器材，如照明设施、音响系统、座椅等，也为篮球比赛和训练提供了良好的环境和条件。这些设施的完善程度会直接影响到运动员和观众的体验和感受。

三、篮球制度文化内涵

篮球制度文化内涵主要指的是与篮球运动相关的比赛秩序、比赛法规以及一系列管理制度。这些制度不仅确保了篮球比赛的公平、公正和顺利进行，还可以促进篮球运动的规范化和专业化发展。

（一）比赛秩序是篮球制度文化的基石

通过制定明确的比赛规则，如场地规则、进攻防守规则、犯规与违例规则等，确保比赛过程中的秩序井然，防止因规则不清而导致混乱和争议的出现。这些规则不仅为运动员提供了明确的行动指南，也为裁判员提供了公正的执法依据。

（二）比赛法规是篮球制度文化的重要部分

比赛法规涉及运动员的资格、注册、转会等各个方面，以及比赛的组织、管理、监督等各个环节。通过制定和执行这些法规，可以维护篮球运动的公平性和竞争性，防止各种不正当行为的发生，保障运动员的权益。

（三）管理制度是篮球制度文化的重要体现

管理制度包括运动员的培养和选拔制度、教练员的聘任和考核制度、赛事的组织和管理制度等。这些制度的完善和执行有助于提升篮球运动的整体水平，推动篮球运动的可持续发展。

四、篮球精神文化内涵

篮球精神文化内涵是指篮球运动所蕴含的深层次的精神价值和文化意义。它集中体现在篮球理念、篮球情感、篮球态度以及篮球运动价值观等方面，是篮球文化的核心和灵魂。

（一）篮球理念是篮球精神文化的重要组成部分

篮球理念涉及对篮球运动本质、功能、价值等方面的认知和理解。正确的篮球理念能够引导人们以积极、健康的态度参与篮球运动，享受篮球带来的乐趣和挑战。并且，在完整的篮球理念的支撑下，人们在进行篮球运动时，还能获得更多的精神激励，并对球队产生一种归属感和荣誉感。这些都是篮球理念带来的价值。

（二）篮球情感是篮球精神文化的重要体现

篮球运动能够激发人们的热情、激情、团结和拼搏精神。在篮球场上，球员们通过默契的配合和精准的战术执行，共同追求胜利，这种团队精神和集体荣誉感是篮球情感的重要表现。

（三）篮球态度反映了篮球精神文化的内涵

篮球运动要求参与者具备坚韧不拔、不屈不挠的精神，面对困难和挑战时能够保持冷静、乐观和积极的态度。这种态度不仅有助于提升篮球技能，更能够培养人们在生活中面对困难时的勇气和毅力。

（四）价值观是篮球精神文化的核心

篮球运动强调团队合作、公平竞争、尊重对手、遵守规则等普世的价值观，因此得到大众的广泛认可。这些价值观不仅贯穿于篮球比赛的始终，也影响着参与者的行为方式和思维模式，对于培养人们的道德品质和社会责任感具有重要意义。特别是青少年群体，通过参加篮球运动，可在潜移默化中内化以上优秀的价值理念，从而健康成长。

第五节　现代篮球技战术的发展现状与趋势

一、现代篮球技战术的发展现状

现代篮球比赛中，快速、灵活的进攻战术成为主流。球队通过精准的传球、快速的跑位和高效的配合，制造出进攻方人数多于防守方的局面，从而获得得分的机会。同时，外线球员通过精准的投射，创造进攻空间，为内线球员提供突破和得分的机会。

（一）多样化的防守战术

与进攻战术相对应，现代篮球比赛中的防守战术也呈现出多样化的特点。球队注重对外线投射的防守，采用联防、人盯人等不同的防守方式，限制对手得分。同时，对于内线的防守也更加注重身体对抗和位置控制，通过合理的防守策略和配合，制造出进攻方人数少于防守方的局面，从而降低对手的得分效率。

（二）内外结合的战术方法

现代篮球比赛中，内外结合的战术方法越来越普及。球队通过内外线的配合和协同，形成更加全面和高效的战术方法。内线的身高和力量优势与外线的速度和投射优势相结合，从而形成强大的进攻和防守能力。同时，内外线的球员也需要具备全面的技术和战术意识，以适应不同的比赛环境。

（三）球员技术的全面性和精细化

现代篮球比赛中，球员技术的全面性和精细化越来越重要。球员不仅需要具备出色的运球、传球、投篮等基本技能，还需要具备多样化的进攻和防守技巧。同时，球员也需要注重技术的细节，精益求精，以提高比赛中的表现力。

（四）三分球地位的全面提升

三分球在现代篮球中的地位越来越重要。由于三分球的得分效率高，许多球队都将三分球作为主要的得分手段。同时，三分球也改变了比赛的节奏和战术，使比赛更加快速和激烈。

（五）更加注重速度和节奏

随着篮球运动的发展，比赛的速度和节奏越来越快。球队需要进行快速、灵活的进攻和防守，如此才能在比赛中取得优势。因此，球员需要具备出色的运球、传球和投篮能力，同时还需要具有快速的反应和判断能力。

二、现代篮球技战术的发展趋势

（一）篮球规则调整带来的影响

规则的不断改变和调整直接推动了篮球技战术的发展和变革。规则的修改对篮球比赛的整体风格产生了显著影响。例如，规则的修改使比赛更加注重速度和灵活性，促使球队发展出更加快速灵活的进攻和防守战术。同时，规则对于三分球的使用也作出了规定，使三分球成为现代篮球比赛中不可或缺的一部分，从而改变了比赛的得分方式和节奏。

规则的修改也对球员的技术和战术意识提出了更高的要求。例如，防守三秒规则的引入，要求球员在防守时更加注重空间和位置的控制，这也促进了球员防守意识的提高。同时，规则对球员的身体素质和技术水平也提出了更高的要求，如对于进攻犯规和防守犯规的严格规定，要求球员在比赛中更加注重技术的运用和身体的对抗。

现代篮球规则还注重比赛的公平性和安全性。例如，对于恶意犯规的严格处罚，有效地保护了球员的安全和比赛的公平性。同时，规则也鼓励球员在比赛中展现出良好的体育精神和职业道德，这对于篮球运动的整体形象和发展也有着积极的影响。

（二）强调智慧和心理素质

随着篮球竞技水平的提高，智慧和心理素质在比赛中的作用越来越重要。球员需要具备良好的战术意识和决策能力，从而在比赛中能够快速作出正确的判断和决策。同时，球员也需要具备强大的心理素质，能够在比赛中保持冷静和自信，从而正确应对各种挑战和压力，进而在比赛中呈现出更加精彩的表现。

（三）个人强攻趋势增强

现代篮球比赛节奏非常快，随着球员个人技术的提升以及战术体系的演变，个人强攻趋向日益明显。

随着比赛节奏的加快，球队越来越注重快速进攻和转换进攻的能力。在这种情况下，球员只有具备更强的个人攻击能力，才能在进攻端迅速得分或制造出进攻方人数多于防守方的局面。因此，个人强攻能力成为现代篮球比赛中越来越重要的能力之一。

球员个人技术水平的提升为个人强攻提供了条件。现代篮球运动员在运球、传球、投篮等基本技能方面都有很高的水平。同时，他们还具备出色的身体素质和反应能力，能够在比赛中灵活运用各种技术动作，完成个人强攻。

战术体系的演变也为个人强攻的运用提供了支持。在现代篮球战术体系中，内外线的结合更加紧密，球员之间的配合也更加默契。在这种情况下，球员可以通过个人强攻来打破对方的防守节奏，制造出进攻方人数多于防守方的局面，为球队创造得分机会。

但是，个人强攻的强化并不意味着忽视团队配合和整体战术的重要性。在篮球比赛中，个人强攻和团队配合是相互依存的。只有在团队配合的基础上，个人强攻才能发挥出最大效用。因此，球员只有在个人强攻和团队配合之间找到平衡点，才能在比赛中取得更好的成绩。

第二章 校园篮球的教学理论分析与创新发展

校园篮球是我国篮球运动的重要部分，对校园篮球的教学研究与创新是发展篮球运动和培养篮球人才的核心内容。本章将从教学理论分析和创新发展两个方向展开阐述。

第一节 校园篮球运动基础教学理论指导

一、篮球教学理论

现代篮球教学理论是一种综合的理论，它将一般的教学原则和相关科学的原理、方法、手段融为一体，以提高篮球的教学质量和教学效果为目标，促使学生能够更快、更好地掌握篮球理论知识和运动技能。现代篮球教学理论主要包括以下几种。

（一）认知理论

篮球教学的认知理论是一个综合性的理论，它强调学生在学习篮球过程中的认知发展和技能掌握。以下是对篮球教学认知理论的一些关键理解。

认知理论重视学生在篮球学习中的主体地位。这意味着教学不再以传统意义上的教练为中心，而是以学生为中心，所有的教学活动和计划都应围绕学生的需求、兴趣和认知发展展开。

认知理论关注学生在学习篮球过程中的思维活动和认知过程。它强调学生对篮球技术和战术的理解、分析和应用，而不仅是机械地模仿动作。因此，教练在教学中需要引导学生思考，培养他们的逻辑思维能力和问题解决能力。认知理论还关注学生对篮球运动的情感体验。篮球运动不仅是对技术和战术的掌握，更是对运动乐趣和团队精神的体验。因此，教练在教学中需要创设积极的学习氛围，激发学生的学习兴趣，使他们在享受篮球运动带来的快乐的同时，提高技能和战术水平。

此外，认知理论还强调反馈在篮球教学中的重要性。通过给予学生及时、准确的反馈，教练可以帮助学生了解自己的学习情况，发现存在的问题，进而调整学习策略，提高学习效果。

认知理论也提倡在篮球教学中采用多样化的教学方法和手段。例如，可以利用现代科技手段，如视频分析、运动追踪等，来辅助教学和训练，提高教学效果。

（二）动作技能形成与发展的理论

篮球教学中，动作技能的形成与发展是一个核心的理论。这一理论主要关注学生在篮球运动中如何通过练习和实践，逐步掌握并发展各项技术动作。动作技能的形成是一个从简单到复杂、从生疏到熟练的过程。学生在学习篮球时，往往需要从基础动作开始，如运球、传球、投篮等。这些基础动作是构成更复杂技术动作的基石，因此学生需要反复练习，直到熟练掌握。

动作技能的发展是一个持续精进的过程。当学生掌握了基础动作后，他们需要将这些动作组合起来，使其形成更复杂的战术和技术。这需要学生不断地进行实践，并在实践中不断反思和调整自己的动作，以逐步提高自己的技能水平。动作技能的形成与发展还受到多种因素的影响。例如，学生的身体素质、心理素质、学习态度等都会影响他们技能的形成和发展速度。因此，教练在教学过程中需要充分考虑这些因素，制订个性化的教学计划，以帮助学生更有效地掌握篮球技能。

在教学方法上，逆向教学法是一种有效的促进动作技能形成的教学方法。它打破了传统教学方法的束缚，使学生能够快速建立动力定型，掌握所学的篮球技术动作。同时，这种方法也有助于激发学生的学习兴趣，提高他们的学习积极性。

（三）技能发展的开放性理论

篮球运动技能的开放性理论主要强调的是技能在实际比赛环境中的应用和变化。这一理论指出篮球运动中的技能并非孤立存在，而是与比赛环境、对手反应、队友配合等因素紧密相连的。

在篮球运动中，技能的开放性体现在运动员需要根据比赛形势和对手的反应，灵活地调整自己的技术动作和战术策略。比如：在运球时，运动员需要根据对手的防守位置和动作，选择合适的方式和时机进行突破或传球；在投篮时，需要考虑与队友的配合以及对手可能的封盖动作，从而选择最佳的投篮方式。另外，篮球运动技能的开放性还体现在运动员的决策能力上。在比赛过程中，运动员需要不断地根据场上情况作出判断和决策，如是选择自己进攻还是传球给队友，是采取紧逼防守还是保持一定距离等，这些决策需要运动员具备丰富的比赛经验和敏锐的洞察力。

在篮球教学中，除了教授基本的技术动作和战术策略外，还需要注重培养学生的环境适应能力和决策能力。通过模拟比赛场景、组织实战演练等方式，让学生在实践中体验和掌握篮球运动技能的开放性特征，提高他们在实际比赛中的表现水平。

（四）对抗性理论

篮球教学的对抗性理论主要强调在篮球运动中，双方球队在共同的规则限定下，以取得比赛胜利为目的，通过身体、技术、战术、心理、智能的全面较量来争夺优势。这种对抗性不仅体现在球员与球员之间，也体现为球队整体战术与对手整体战术之间的较量。

在篮球教学中，对抗性理论的应用主要体现在以下几个方面。

1.技术对抗的教学

教练要教授学生如何在防守和进攻中利用技术动作来制造优势，如通过运球、传球、投篮等技术动作来干扰对手防守或制造进攻机会。

2.身体对抗的教学

篮球运动中的身体对抗是不可避免的。教练要指导学生在不犯规的前提下，通过合理的身体动作来占据有利位置，限制对手的活动空间。

3.心理对抗的教学

心理对抗是篮球比赛中的一个重要方面。教练要帮助学生培养坚定的意志品质和良好的心理素质，以应对比赛压力和挑战。

4.战术对抗的教学

战术对抗是篮球比赛中的关键。教练要教授学生如何根据对手的战术特点来制定和调整自己的战术策略，以在比赛中取得优势。

在篮球教学中，对抗性理论的应用有助于提高学生的竞技水平，使他们更好地适应比赛节奏和强度。同时，通过不断的对抗性训练，学生也可以更好地理解和运用篮球运动的规则和技术，从而确保在实际比赛中取得更好的成绩。

二、篮球训练理论

（一）周期训练理论

周期训练理论在篮球训练中具有重要地位，它是指根据训练目标的不同，采用相应的训练内容、方法及负荷，将训练划分为不同的时期或阶段。这一理论的核心是运动员竞技状态的形成、稳定和消失，从而将整个训练周期划分为准备期、竞赛期和调整期。

准备期主要侧重于基础体能、技术和战术的训练，为运动员打下坚实的基础。竞赛期则更注重模拟比赛场景，提高运动员的比赛适应能力和竞技状态。调整期则是为了让运动员在紧张的比赛后得到充分的恢复，避免过度训练带来的伤害。

然而，周期训练理论也面临一些质疑。现代社会中，体育比赛已经由传统的赛会制转变为多赛制，传统的周期训练理论所强调的周期划分、竞技状态的形成与保持在频繁的赛事面前显得机械而呆板，其实效性也易受到人们的质疑。

因此，在实际应用中，教练员需要根据运动员的实际情况和比赛日程，灵活调整训练周期和训练内容，以确保运动员能够在比赛中发挥出最佳水平。同时，还需要注意处理好决定训练周期的固定因素与变异因素的关系，以及注意周期之间的衔接，确保整个训练过程的连续性和系统性。

（二）超量恢复理论

篮球训练理论中的超量恢复理论有一个核心概念，它解释了运动员或普通人在经过一次训练后，体能水平逐渐下降，然后经过饮食和睡眠的恢复，体能水平逐渐上升，乃至超过原先体能水平的现象。这个理论不仅是运动学的基础理论，也是运动员在训练中追求体能提升的重要依据。

超量恢复的过程可以分为三个阶段：运动时、运动后和超量恢复阶段。在超量恢复阶段进行下一次锻炼或训练效果最佳，因为此时体内能量物质最充足，机能水平也高，并可以适当加大运动负荷，形成更高层次的超量恢复。

这一理论的应用不仅限于篮球训练，也可以扩展到其他体育运动以及日常精力管理中。它强调了恢复过程在提升体能和精力中的关键作用。没有充分的恢复，再好的训练也不能帮助体能或精力提高，反而可能对身体或大脑造成损伤。

然而，超量恢复理论的应用也需要注意一些要点。首先，必须严格遵循间歇时间，以确保恢复过程的顺利进行。其次，运动负荷应在一定的生理范围内，过大或过小的负荷都不能达到理想的超量恢复效果。最后，不同性质的身体运动可以引起不同营养物质和机能的超量恢复。因此，在制订训练计划时，应充分考虑个体的特点和需求。

（三）应激性原理

应激性原理是篮球训练理论中的一个关键概念，它涉及运动员在训练或比赛中对应激源（如身体对抗、技术挑战、比赛压力等）的反应和适应过程。

应激性原理主要描述了人体对于外界强烈刺激的生理和心理综合反应。在篮球训练中，这种应激反应有积极的一面，有助于球员提高适应能力和竞技水平。当球员面对训练中的挑战和压力时，他们的身体会产生一系列的生理变化，如激素水平的调整、代谢率的提升等，以应对这些应激源。同时，心理上也会发生相应的变化，如专注度提高、意志力增强等。

通过合理的训练安排和应激源的适度引入，可以帮助运动员逐步适应更高强度的比赛和训练，从而提高他们的应激能力。这种能力对于篮球运动员来说至关重要，因为在比赛中，他们往往需要面对瞬息万变的局势和强大的对手，需要快速作出决策并调整自己的状态。

应激性原理的应用也需要注意平衡。过度的应激可能会导致运动员的身体和心理负担过重，甚至出现疲劳、受伤或心理问题等。因此，在训练过程中，教练员需要密切关注运动员的状态，及时调整训练计划，确保他们在保持一定应激水平的同时，也能得到充分的恢复和休息。

总之，篮球训练理论中的应激性原理强调了运动员在面对挑战和压力时的适应能力和反应机制。通过合理利用这一原理，可以帮助运动员提高竞技水平，更好地应对比赛中的各种情况。

第二节　校园篮球教学的组织与实施

校园篮球教学的组织与实施是一项系统而艰巨的任务，它涉及多个方面的规划与执行，目的是为学生提供一个全面、高效且有趣的篮球学习环境。本节将围绕此内容进行详细探讨。

一、校园篮球教学的组织

校园篮球教学的组织是确保篮球教学活动顺利进行并达到预期效果的关键环节，具体要从以下几方面开展工作。

（一）明确教学目标

在组织篮球教学之前，需要明确教学目标。这些目标应该包括技能提升、体能增强、团队协作、比赛适应等多个方面。明确的目标有助于制订合适的教学计划。

（二）制订教学计划

根据教学目标和学生的实际情况，制订详细的教学计划。教学计划应该包括教学内容、教学方法、教学时长、教学进度等方面的安排。同时，要考虑到学生的个体差异，确保教学计划能够满足不同学生的需求。

（三）合理安排教学时间

为了保证教学质量，需要合理安排教学时间，确保每次教学都有足够的时间进行技能练习、体能训练和团队协作训练。同时，要考虑到学生的学习负担和其他课程的时间安排，避免与其他课程发生冲突。

（四）选择合适的教练和助教

教练和助教是篮球教学的关键人物。他们需要具备专业的篮球知识和技能，同时要有丰富的教学经验和良好的教学方法。选择合适的教练和助教，能够确保教学质量和效果良好。

（五）提供必要的教学资源

为了保证教学质量，需要提供必要的教学资源，包括篮球场地、篮球器材、教学视频等。同时，要确保这些资源得到充分利用和维护，以保证教学的顺利进行。

（六）学生分层与分组

根据学生的篮球基础、技能水平、身体素质和兴趣特点进行分层或分组。这有助于实现因材施教，确保每个学生都能在适合自己的教学环境中取得进步。同时，分组教学还可以促进学生之间的合作与竞争，提高他们的团队协作能力。

（七）建立评价体系

为了了解学生的学习情况和教学效果，需要建立评价体系。评价体系可以包括技能测试、体能测试、比赛表现等多个方面。通过评价反馈，可以及时调整教学计划和教学方法，以更好地满足学生的需求。

二、校园篮球教学的实施

校园篮球教学的实施目的主要是培养学生的篮球兴趣，使学生能够掌握基本的篮球技能，具备进行篮球锻炼和篮球比赛的基础条件。因此，在教学实施中，主要针对一些最基本、最重要的技战术进行教学。

（一）基础技能教学

校园篮球教学的实施中，基础技能教学占据了至关重要的地位。基础技能是学生在篮球运动中不可或缺的基本要素，它们不仅是构成更复杂战术和动作的基础，也是提升学生篮球水平的关键所在。教学内容包括运球、传球、投篮、防守等。通过讲解、示范和实践相结合的方式，使学生逐步掌握这些技能。

1.运球技能的教学

运球是篮球运动中最基本的技能，是基础技能教学的重点内容之一，也是球员在场上进行移动和攻击的重要手段。在教学过程中，教练需要从基本的手位、姿势开始，逐步引导学生掌握运球的基本要领，如控球力度、运球节奏等。通过大量的练习和反复的实践，学生能够熟练掌握运球技能，为后续的技战术学习打下坚实的基础。

2.传球技能的教学

传球是篮球运动中的核心技能，是球员之间配合与协作的关键。在教学中，教练需要强调传球的准确性、速度和力度以及传球时的视线和姿势。通过组织各种传球练习，如两人对传、多人轮传等，提高学生的传球技能，培养他们的团队协作意识和能力。

3.投篮技能的教学

投篮是篮球运动中的最终目的，是得分的主要手段。在教学过程中，教练需要从基本的投篮姿势、力度和角度开始，逐步引导学生掌握各种投篮技巧，如跳投、上篮等。通过大量的投篮练习和反馈，学生能够形成稳定的投篮手感，提高投篮命中率。

4.防守、篮板球等技能的教学

防守是阻止对方得分的重要手段，篮板球则是控制比赛节奏和争取进攻机会的关键。在教学过程中，教练需要注重培养学生的防守意识和篮板球意识，通过讲解、示范和练习相结合的方式，提高学生的防守和篮板球技能。

在基础技能教学过程中，教练需要注重学生的个体差异和因材施教。每个学生的技能水平和学习能力都有所不同，因此需要根据学生的实际情况制订个性化的教学计划，确保每个学生都能在适合自己的教学环境中得到进步。

（二）战术意识培养

在校园篮球教学中，战术意识的培养是一项至关重要的任务。战术意识不仅是球员在比赛中作出正确决策的基础，更是提升整个球队战斗力的关键。

战术意识的培养需要循序渐进地进行，还需要给青少年一定的时间让他们逐渐树立自觉、良好的战术意识。比如，在篮球教学中，教练可以通过示范和讲解，让学生理解并熟悉篮球比赛中的基本战术，包括进攻和防守的策略、团队配合的技巧等。在训练中，教练应强调战术的应用时机，使学生能够在实践中逐渐掌握并熟练运用。

培养战术意识需要多次、反复进行。教练可以通过案例分析来增强学生的战术意识，可以选取一些典型的比赛片段或战术案例进行详细的分析和讲解，让学生从中领悟战术的运用和变化。通过案例分析，学生可以逐渐积累战术经验，提高自己在比赛中的应变能力。

实战演练是培养战术意识的重要途径。教练可以组织学生进行模拟比赛或对抗性训练，让学生在实践中体验和运用战术。在演练过程中，教练应密切关注学生的表现，及时给予指导和反馈，帮助学生调整战术策略，提高战术执行力。

篮球是一项团队运动，战术的成功执行需要球员之间的默契配合。因此，培养学生的团队协作能力也是增强战术意识的关键。教练可以通过组织团队活动、加强团队建设等方式，增进学生之间的了解和信任，提高他们的团队协作能力。

此外，教练还需要关注学生的心理素质培养。在紧张的比赛中，良好的心理素质有助于学生保持冷静，理智地应对各种情况。教练可以通过心理辅导、压力管理等方式，帮助学生建立自信心、提高抗压能力。

（三）比赛与活动组织

通过定期组织篮球比赛，可以让学生在比赛中锻炼技能、提高水平。同时，可以举办篮球文化节、篮球知识竞赛等活动，增强学生对篮球运动的兴趣和热爱。篮球校园教学中的比赛与活动组织是提升学生篮球技能、战术意识及团队协作能力的重要环节。

1.目的与意义

比赛与活动不仅是为了检验学生的学习成果，更是为了让学生在实践中体验篮球运动的魅力，增强他们的团队协作能力和竞争意识。因此，在组织过程中，教练员应注重活动的趣味性和教育性，让学生在轻松愉快的氛围中提升篮球技能。

2.制订详细的比赛与活动计划

计划应包括比赛的时间、地点、参与人员、赛制安排等要素。在确定比赛时间时，要充分考虑学生的课程安排和课余时间，确保他们有足够的准备时间。比赛地点的选择应确保场地设施完备、安全，为比赛提供良好的环境。同时，要根据比赛规模和目的，确定参与人员，如教练、裁判、工作人员等，确保比赛的顺利进行。

3.设计合理的赛制

应根据学生的年龄、技能水平等因素，设计合理的赛制。例如，可以组织班级间的友谊赛、年级对抗赛或校际邀请赛等，让学生在不同层次的比赛中得到全方位的锻炼。此外，还可以设置一些有趣的篮球活动，如三分球大赛、技巧挑战赛等，以激发学生的参与热情。

4.比赛或活动后及时进行总结与反思

可以组织学生进行经验分享、技能交流等活动，让他们从比赛中汲取经验教训，为今后的学习和比赛做好准备。此外，还可以对比赛的组织工作进行评估，以提高未来活动的质量和效果。篮球校园教学中的比赛与活动组织是一项复杂而细致的工作。通过明确目的、制订计划、合理安排赛制、加强安全保障以及及时总结反思等措施的实施，可以为学生提供一个充满挑战与乐趣的篮球学习环境，促进其全面发展。

三、校园篮球教学的评估与反馈

（一）教学评估

定期对篮球教学进行评估，包括学生的技能水平、教学计划的执行情况以及教练的教学效果等方面。在进行教学评估的过程中，要注重从教学过程、师生互动、学习态度等多个方面入手，而不要仅仅局限于评估结果，即优先过程性评价，参考结果性评价。只有对篮球教学进行全面的评估，才能有效提升校园篮球的教学效果，不断优化教学过程，给学生提供最好的学习资源和学习环境。

（二）学生反馈

对篮球教学评价的一个重要环节是积极收集学生的反馈意见，了解他们对篮球教学的看法和建议，听听他们在学习过程中的真实感受，对篮球课有哪些正面的肯定或者负面的意见，这些都是提升校园篮球教学水平的重要途径。根据学生的反馈，调整教学策略和方法，以更好地满足学生的现实需求。

第三节　校园篮球精品课程建设

我国的校园篮球精品课程正在逐步推进中，虽取得一些成效，但也还有许多不足之处需要提升。对此，亟需针对现有的不足进行深入的分析，找出问题的根源，再结合各个学校的实际情况进行优化改革，从而不断提升篮球精品课程的品质。

一、校园篮球精品课程建设现状

（一）教学内容陈旧

从教学内容来看，虽然大部分学校在篮球教学中都注重基本技术训练和战术意识的培养，但仍有部分地区的篮球课程内容相对单一，缺乏综合技能的训练，未能充分激发学生的运动潜能和兴趣。比如，校园篮球课程仍然沿用传统的教学内容，过于注重基础技术的训练，而缺乏对战术意识、团队协作能力等现代篮球素养的培养。这导致学生虽然掌握了一定的基本技术，但在实际比赛中难以发挥出应有的水平。

随着篮球运动的不断发展，新的技术、战术和训练方法层出不穷，但一些学校并没有及时将这些新内容纳入篮球课程教学中。这使学生难以接触到最新的篮球理念和技能，无法跟上时代的步伐。一些学校的篮球课程教学内容过于单一，缺乏多样性和趣味性。学生在长期的学习中容易感到枯燥和乏味，从而失去对篮球运动的兴趣和热情。针对这些问题，教师需要对校园篮球精品课程的教学内容进行改革和创新。具体来说，可以引入更多现代篮球理念和战术，加强对学生战术意识和团队协作能力的培养；同时，注重提升教学内容的多样性和趣味性，通过丰富多样的教学方法和手段，激发学生的学习兴趣和积极性。

总之，解决我国校园篮球精品课程教学内容陈旧的问题，需要我们从多个方面入手，加强改革和创新，提高教学质量，为培养更多优秀的篮球人才打下坚实的基础。

（二）教学方法缺乏创新

在我国校园篮球精品课建设中，教学方法缺乏创新是一个较为突出的问题。很多校园篮球课仍采用传统的教学模式，即以教师为中心地讲授和示范，学生则被动地接受和模仿。这种单向的教学方式缺乏互动性和参与性，难以激发学生的学习兴趣和积极性。随着科技的进步，多媒体教学、在线教学等新的教学方式逐渐普及，但在校园篮球精品课程中，这些先进手段的应用并不广泛，很多教师仍然依赖亲自示范的传统教学方法，缺乏利用现代技术提升教学效果的意识和能力。

篮球运动是一项注重实践和体验的运动，但很多教师在教学中对实践环节的安排不够科学，教学方法也缺乏多样性和灵活性。即使有实践环节，也往往缺乏创新和变化，导致学生难以从中获得真正的收获和成长。

针对这些问题，教师需要对校园篮球精品课的教学方法进行改进和创新。具体来说，可以引入更多现代化的教学手段和技术，如多媒体教学、在线教学等，进一步丰富教学内容和形式；同时，注重学生的参与和体验，激发学生的学习兴趣和积极性。

（三）师资力量不足

1.专业师资的缺乏

目前，许多学校的篮球教师并非篮球专业出身，或者虽然具备篮球背景但缺乏足够的专业知识和教学经验。这导致在教学过程中，教师可能无法准确、全面地传授篮球技术和战术，进而影响到教学质量和学生的学习效果。

2.教师结构偏年轻化

虽然年轻教师充满活力，但他们的教学业务能力和专业技术水平有待进一步提高，一线教学的实践经验相对较少。这使他们在教授篮球课程时，可能无法有效地将个人技能转化为教学能力，从而影响到教学效果。

3.教师数量不足

篮球作为校园体育的重要科目，受到多数学生的喜爱。然而，面对众多的选修学生，篮球教师的数量往往相对不足，这导致教师的工作负担加重，难以保证教学质量，也影响学生的学习体验。

4.人才流失

一些具备丰富教学经验和专业技能的篮球教师可能因为各种原因离开学校，这使本就缺乏优秀师资的校园篮球教学更加困难。为了解决这些问题，学校应该加强对篮球教师的培养和引进，帮助他们提高专业素养和教学能力。同时，也可以通过建立激励机制，吸引更多优秀的篮球教师加入校园篮球教学队伍。此外，加强与专业篮球俱乐部或机构的合作，引入更多专业资源力量，也是提升校园篮球教学水平的有效途径。

（四）教学条件存在地区差异

我国校园篮球精品课的教学条件在地区之间存在差异，这种差异主要受到地区经济发展水平、教育投入、资源配置等多种因素的影响。

在经济较为发达的地区，如东部沿海地区和一线城市，校园篮球精品课的教学条件相对较好。这些地区往往拥有更充足的资金投入，能够建设高质量的篮球场地、购买先进的器材设备，并引进优秀的篮球教练和教学资源。这些条件为篮球教学提供了良好的物质基础，有助于提升教学质量和学生篮球技能水平。

在一些经济相对落后的地区，校园篮球精品课的教学条件相对较差。这些地区往往面临资金短缺、场地设施不足等现实问题，导致篮球教学难以有效开展。同时，由于缺乏优秀的篮球教练和教学资源，教学质量也往往很难保证。

城乡之间的差异也是导致教学条件地区差异的重要原因之一。城市学校通常能够获得更多的教育资源和投入，而部分农村学校则往往面临资源匮乏的困境。这种差异使部分农村学校的篮球教学条件相对较差，难以与城市学校相提并论。

为了解决这种地区差异，政府和教育部门需要加大对篮球教学的投入力度，特别是在经济相对落后的地区。同时，还需要加强地区之间的合作与交流，促进优质教学资源和经验的共享，以缩小地区之间的差异。此外，通过推广现代化的教学手段和技术，如网络教学和远程教育等，可以在一定程度上缩小地区之间的教学条件差异。

二、校园篮球精品课程建设的对策

我国校园篮球精品课程建设需要政府、学校、教师和社会各方面的共同努力和协作。通过优化师资队伍结构、改善教学条件、创新教学方法和手段、完善课程体系以及加强校企合作等措施逐步推动校园篮球精品课程的发展，提高学生的篮球技能水平和综合素质。

（一）优化师资队伍结构

1.加强师资培训

定期对篮球教师进行专业培训，提高他们的教学水平和篮球专业技能，确保他们具备教授精品课程的能力。

2.引进优秀人才

积极引进具有丰富教学经验和篮球专业技能的优秀教师，逐步提升整个师资队伍的水平。

3.建立激励机制

通过建立激励机制，鼓励教师积极投入到篮球精品课程的建设和教学之中。

（二）改善教学条件

1.加大资金投入

政府教育部门应增加对校园篮球精品课程的投入，改善场地设施，购买先进的器材设备。

2.合理配置资源

对于经济相对落后地区，可以通过政策倾斜和资源共享等方式，逐步改善他们的教学条件。

（三）创新教学方法和手段

1.引入现代教学技术

利用多媒体教学、网络教学等现代教学手段，提高教学的趣味性和实效性。

2.开展实践教学

通过组织篮球比赛、实践活动等方式，让学生在实践中提高篮球技能，增强团队合作意识。

（四）完善课程体系

1.构建完整的课程体系

要求从基础技能到战术应用，从理论教学到实践训练，形成一套完整的篮球课程体系。

2.注重个性化教学

根据学生的实际情况和兴趣特点，制订个性化的教学方案，满足学生的不同需求。

（五）加强校企合作

当前校园篮球的发展还须打开思路，拓展合作渠道。比如，可以联合当地的企业加强校企合作，以企业资助和冠名的方式，培养优秀的篮球后备人才，定期组织篮球联赛、篮球文化沙龙等活动，或者邀请退役篮球运动员前来交流或指导教学，从而为学生提供丰富的学习资源和接触专业运动员的机会，激发他们的篮球学习热情。企业则通过有限的经济投入和社会人脉资源，为学校创造出更具优势的教学环境，同时提升自身的社会影响力。

第四节　我国校园篮球教学现状与改革创新

篮球是我国校园体育教学中的重要项目，一直都受学生的喜爱。但是，随着社会的发展，新的运动形式不断出现，并且年轻学生在好奇心的驱使下，对新奇的事物有强烈的兴趣。因此，这在一定程度上也给篮球教学带来一定的压力。对此，学校必须根据自身的情况进行教学改革和创新，以求与时俱进，并在篮球教学方面取得新的成绩。

一、我国校园篮球教学的现状

（一）教学内容现状

篮球基本技术的传授是教学内容的核心部分，包括双手胸前传接球、体前换手运球、行进间或原地单手肩上投篮、原地起跳单手肩上投篮、行进间低手投篮等。这些技术的掌握对于学生篮球能力的提升起着重要作用，因此在教学过程中，教师会重点进行示范和讲解，并通过反复练习来帮助学生掌握。

战术意识和团队配合的培养逐渐成为教学内容的重要组成部分。通过传接配合、二攻一配合和半场人盯人防守等战术训练，学生能够更好地理解篮球比赛的规则和策略，提升比赛中的应对能力。同时，教师也会注重培养学生的团队合作精神和沟通能力，以适应现代篮球运动的需求。

随着篮球运动的不断发展，一些新的教学内容也逐渐被引入校园篮球教学中。例如，三分球的训练、快攻战术的讲解、篮球运动损伤的预防和处理等，这些内容的加入使篮球教学更加全面和实用。

尽管我国校园篮球教学内容在不断丰富和完善，但仍然存在一些问题。一方面，由于师资力量和教学资源的不均衡，一些地区的校园篮球教学内容相对单一，缺乏创新性和多样性。另一方面，部分教师在教学过程中可能过于注重技术的传授，而忽视了对学生兴趣和综合素质的培养，导致教学效果不佳。

1.理论课程教学内容

理论课程教学内容是教学内容一个重要的组成部分。目前，我国校园篮球理论课程的教学内容已经取得了一定的进步和发展，但仍然存在一些不足之处。

一方面，理论课程的内容日益丰富和全面，涵盖了篮球运动的规则、战术、运动员营养与恢复、篮球运动的发展历史与现状等多个方面。这些内容的引入有助于学生更全面地了解篮球运动，提升他们的篮球素养和综合素质。

另一方面，理论课程在实际教学中的受重视程度仍然不够。部分教师过于注重技术动作的传授和训练，而忽视了理论课程的教学。这导致学生虽然掌握了篮球技术，但对篮球运动的深层次理解和认识相对滞后。

理论课程的教学方法也需要进一步改进和创新。目前，一些教师仍然采用传统的讲授式教学方法，缺乏与学生的互动和讨论。这导致理论课程变得枯燥乏味，学生的学习兴趣和积极性不高。

提升我国校园篮球理论课程的教学质量，需要采取一系列措施。首先，提高教师对理论课程的重视程度，确保理论课程与技术课程并重。其次，优化理论课程的教学内容，使其更加符合学生的实际需求和学习特点。最后，创新理论课程的教学方法，采用更加生动、有趣的教学方式，激发学生的学习兴趣和积极性。

2.实践课程教学内容

我国校园篮球教学的实践课程教学内容非常丰富，主要包括篮球基本技能训练、战术配合练习、比赛经验积累以及心理素质培养等多个方面。

篮球基本技能训练是实践课程的核心内容，包括运球、传球、投篮、防守等基本技术的训练。通过这些技能的反复练习和模拟比赛，学生逐渐提高自己的篮球水平，并产生对篮球运动的兴趣和热爱。

战术配合练习是实践课程中的重要组成部分。学生需要学习和掌握各种战术配合方法，如传切、掩护、突分、换人等，以提高球队的整体配合能力。

比赛经验积累是实践课程的重要内容。学生参加校内外的篮球比赛，通过与其他学校的比拼，提高自己的技术水平并积累比赛经验，同时提升了适应能力。

心理素质培养是实践课程中不可忽视的一环。篮球比赛中，心理素质对于球员的发挥至关重要。实践课程会注重培养学生的自信心、抗压能力等心理素质。

我国校园篮球实践课程教学内容存在一些问题。比如，部分教师的教学内容过于单调乏味，缺乏趣味性和创新性，导致学生对篮球课产生抵触情绪。此外，部分学校由于场地设施等条件的限制，无法充分开展实践课程教学活动。

（二）篮球课程教学考核现状

我国的校园篮球课程教学，在考核方面呈现出以下特点。

在考核内容方面，主要包括理论考试和实践技能考核两部分。理论考试主要检验学生对篮球基本技术、战术、规则等方面的掌握情况，通常以填空题、名词解释、绘图题、简答题等形式进行。实践技能考核则侧重于学生在篮球运动中的实际操作能力，如移动中双手胸前传接球、定点投篮等技术的运用。在考核标准上，一般会从学生的技术熟练程度、动作准确性、节奏感以及比赛表现等多个维度进行评价。然而，一些教师往往过于注重对技术的评价，而忽视了学生的整体表现，如进攻、防守、团队协作等方面。

篮球课程考核还存在一些不足之处。一方面，考核方式相对单一，过于依赖传统的技术评价和理论考试，缺乏对学生创新能力和实际应用能力的考核。另一方面，考核标准不够明确和统一，导致评价结果存在一定的主观性和偏差。

为了改进篮球课程教学考核现状，可以采取以下措施。

一是丰富考核方式，引入多元化的评价手段，如实战演练、团队合作评价等，以更全面地评估学生的篮球技能和综合素质。

二是明确考核标准，制定统一、客观的评价体系，确保评价结果的公正性和准确性。

三是注重过程性评价，关注学生在学习过程中的表现和进步，给予及时的反馈和指导，促进学生的持续发展。

四是加强师生沟通，建立有效的反馈机制，让学生了解自己需要改进的地方，同时鼓励学生提出自己的意见和建议，不断提升教学质量。

二、我国校园篮球教学的改革与创新

校园篮球教学改革与创新是一个重要的话题，因为它不仅关系到学生的身心健康和全面发展，也影响着我国篮球运动的发展趋势。重视对校园篮球教学的改革与创新，有助于促进我国篮球竞技体育以及篮球普及等多个方面的发展。

（一）创新教学模式

传统的篮球教学模式可能过于注重技能和体能训练，而忽视了学生的兴趣和参与度。因此，可以尝试采用多元化的教学方法，如游戏化教学、情境式教学等，以激发学生的学习兴趣和积极性。

（二）注重学生个体差异

每个学生的身体素质、技能水平和兴趣爱好都不同，因此在教学过程中应该注重个体差异，根据学生的实际情况进行有针对性的教学。

（三）加强实践教学

实践教学是提高学生篮球技能的重要途径。可以增加实践课时，让学生有更多的机会进行实践训练，同时也可以通过组织比赛、训练营等活动来提高学生的实战能力。

（四）引入科技手段

随着科技的发展，许多新的科技手段可以应用于篮球教学之中。例如，可以利用智能设备来记录和分析学生的运动数据，以便更好地评估学生的表现和指导学生的训练。

（五）加强师资队伍建设

教练的素质和能力是教学改革与创新的关键因素。应该加强对篮球教练的培训和考核，提高他们的教学水平和专业素养，同时也应该积极引进优秀的篮球教练和专家来指导教学工作。

第五节　国外校园篮球发展情况及对我国的启示

一、国外校园篮球的发展现状

一些国家和地区的大学和高中都积极支持篮球运动，提供培训和比赛机会。美国的大学男子篮球联赛（NCAA）是世界上最知名的校园篮球联赛之一，吸引了大量观众和球员。在欧洲和其他一些地区，尽管赛事的知名度和规模可能不及美国，但也存在着各种水平的校园篮球比赛。篮球比赛在校园中通常被视为一项重要的体育活动，因为它不仅能提升学生的身体素质，还有助于培养学生的团队合作精神和领导能力。目前，国外校园篮球的发展呈现出一些显著的趋势。

第一，校园篮球在国外受到广泛的关注和重视。许多学校都将篮球作为体育课程之一，并投入大量资源进行建设和发展。这包括提供专业的篮球教练、建设高质量的篮球场地和设施，以及组织丰富多样的篮球比赛和活动。

第二，国外的高校篮球教学有十分成熟的组织管理模式，这在大学运动队的管理以及人才培养方面具有明显优势。例如，美国几乎每所大学都设有一个组织完善、管理高效的竞技体育管理机构，负责管理大学运动队的训练和竞赛的相关事宜。以犹他大学为例，其训练组织管理机构设置非常完善，从学校的运动训练组织就能充分体现这一点，运动训练组织主要负责运动队的组织和运作，由几个不同的部门组成，每个部门的具体职能如下：资格审查中心专注于学生注册管理、学术与体育背景的严格审查，组织新生培训，并统筹比赛参与事务；信息交换中心则致力于学校运动队与相关协会的协调与安排，提交赛事数据、成绩报告，撰写新闻稿并代表学校与媒体沟通，同时负责更新网站内容及制作宣传资料；装备管理中心承担着训练与比赛设备的采购与维护工作，确保运动员服装及用品的清洁与分发，并妥善安排运动队的出行车辆；体育锻炼中心负责制订个性化的锻炼计划，聘请专业教练指导运动员进行日常训练，并安排教练与球队共同练习，提升团队竞技水平；运动康复中心专注于为受伤运动员提供全面的治疗与康复方案，监控训练负荷，确保运动员的身心健康，并安排康复学生参与团队实践；学术支持中心则提供学习指导、生活技能培训和职业发展规划，协调学习与培训资源，助力运动员全面发展。

第三，国外校园篮球还与社会教育和体育教育紧密结合。许多学校将校园篮球作为体育教育的一部分，与社会教育和职业教育相结合，为学生提供更广阔的发展空间。例如，一些学校会与企业或职业篮球俱乐部合作，为学生提供实习、训练或参赛的机会，帮助他们更好地了解篮球行业和发展自己的职业生涯。

第四，国外校园篮球还注重与国际篮球接轨。许多学校会组织国际篮球交流活动，邀请来自不同国家和地区的球队和球员参与比赛和交流。这不仅为学生提供了更广阔的舞台，也促进了国际篮球文化的交流和融合。

第五，国外校园篮球注重培养学生的综合素质和技能。除了传统的技能和体能训练外，国外的校园篮球还注重培养学生的领导力、团队合作精神、竞争意识和自我管理能力等。通过参与篮球训练和比赛，学生可以全面提升自己的综合素质和技能水平。

二、国外校园篮球的特点

国外校园篮球的发展特点主要体现在以下几个方面。

（一）普及程度高

篮球运动在国外，特别是在美国等篮球发达国家，受到广泛的关注。学校通常会为学生提供篮球课程和训练，使其成为一项广受欢迎的体育运动。

（二）训练的科学性

在训练时间上，不是追求越长越好，而是强调充分训练和充分休息相结合。在美国，NCAA（美国全国大学体育协会）明文规定，运动员每周的训练时长上限为20小时，且每日训练时长不得超过4小时。此外，每位运动员每周都享受属于自己的闲暇时光。所有学校均对此规定保持高度的自觉性，即便在无人监督的情况下，也会严格遵循这些规定。调查显示，常规的训练时间通常安排在中午或下午，且实际的训练时长和频率相比原计划的标准有适当增加。

表2-1 犹他大学篮球训练计划表[①]

时间	内容
10分钟	肌肉拉伸激活
5分钟	球感训练
1.5分钟	对角传球、四角传球、长传球
2分钟	一对一运球紧逼
5分钟	全场紧逼
10分钟	防守回顾
—	45°切入
—	高位掩护
—	底线突破
12分钟	滑步防守、交叉步防守
20分钟	变向进攻突破
—	弧形切入和弹出投篮练习
—	底线切入
2分钟	快速移动训练
15分钟	5V5模拟比赛
—	全场底线折返
10分钟	美式一对一

① 刘海明. 中美青少年校园篮球发展模式的比较研究[D]. 太原：山西大学，2021：26.

续表

时间	内容
15分钟	联防攻守转换练习
15分钟	篮板球后加速跑

（三）重视基础训练

国外校园篮球非常注重基础技能的训练，如运球、投篮、防守转身、移动等。这种重视基础训练的理念有助于使学生打下坚实的篮球技能基础。

（四）注重体育精神的培养

除了技能训练，国外校园篮球还非常注重培养学生的体育精神和团队协作能力。通过训练和比赛，学生可以学会尊重对手、遵守规则、公平竞争，并逐渐具备团队协作能力和领导能力等品质。

（五）多元化的教学与活动

国外的校园篮球教育形式多样，除了正规的课堂教学和训练，还有各种篮球俱乐部、训练营、比赛等活动，以满足不同学生的需求和兴趣。

（六）专业教练和培训体系

许多学校会聘请专业的篮球教练，借助他们丰富的教学经验和高水平的专业技能，有效提升学生的篮球运动水平。同时，学校也会为学生提供科学、系统的篮球训练方案，帮助他们快速提高篮球水平。

（七）与社区和职业篮球紧密联系

国外的校园篮球与社区和职业篮球有着紧密的联系。学校会组织各种校际、社区篮球比赛，甚至与职业篮球队进行合作，为学生提供更多的实战机会。

三、国外校园篮球发展对我国的启发

国外校园篮球起步较早，具有较多的成功经验，这些宝贵的经验对我国校园篮球有着重要的启示作用，可以让我们少走弯路，结合自身特点和优势，尽快提升我国校园篮球的教学效率，为国家培养更多的篮球人才，以及培养出具有较强综合素质的年轻人。

（一）加强基础技能的训练

我国校园篮球可以借鉴国外重视基础技能的训练理念，确保学生在篮球技能上打下坚实的基础。通过反复练习和巩固基本动作，提高学生的技术水平，为未来发展奠定坚实的基础。

（二）注重体育精神和团队协作能力的培养

国外校园篮球注重培养学生的体育精神和团队协作能力，这是我国校园篮球也应该重视的方面。通过训练和比赛，培养学生的竞争意识、合作精神和领导力，使他们在运动中不仅能提升技能，还能培养综合素质。

（三）推动校园篮球的普及和发展

我国可加大校园篮球的推广力度，提高篮球运动的普及程度。通过组织各种形式的篮球活动和比赛，吸引更多的学生参与其中，持续激发他们对篮球的兴趣和热情。

（四）加强教练队伍建设和，建立培训体系

借鉴国外经验，我国可以加强对校园篮球教练的培训和管理，提高他们的专业水平和教学质量。同时，建立完善的篮球培训体系，为学生提供科学、系统的训练指导，帮助他们快速提高篮球水平。

（五）加强与社区和职业篮球组织的联系

我国校园篮球可以积极与社区和职业篮球组织进行联系和合作，为学生提供更多的实战机会。通过与社区和职业篮球组织间的交流和互动，让学生更好地了解篮球行业的发展趋势，为他们的未来发展提供更多的选择和机会。

第六节　智慧体育在校园篮球中的应用

一、智慧体育的含义

智慧体育是物联网、云计算、大数据等新一代信息技术运用于体育领域的最新成果，是整合教育、医疗、文化等"体育+"资源的系统性工程。通过构建数字化、网络化、智能化的运动空间、运动模式、运动生态，智慧体育全面提升体育服务质量，推进体育产业转型升级，以更迅速、灵活、正确地响应人们更加个性化、多元化的体育需求。

具体来说，智慧体育可以为人们提供个性化的锻炼计划，基于大数据分析和机器学习算法，根据用户的身体状况、锻炼目标、喜好和习惯制订训练计划。同时，智慧体育还具备实时反馈功能，通过传感器对用户的运动数据进行实时监测和分析，帮助用户调整姿势、控制运动强度，以达到更高效、更安全的锻炼效果。此外，智慧体育还具备社交互动功能，用户可以与好友进行比拼和互动，分享锻炼成果、交流经验和相互鼓励，从而提升用户的参与度和动力。

在产业层面，智慧体育通过数字化技术实现体育产业链上的信息化和智能化，包括体育器材制造、体育赛事运营、体育娱乐等领域的创新和升级。在学校体育教育中，智能体育器材的应用也成为一种趋势，为学生提供更科学、便捷的运动环境，提高体育锻炼的效果。

在健康管理和公益项目层面，智慧体育是指通过采集和分析个体运动数据，帮助运动者和健康管理机构了解和监测个体健康状况，为健康管理提供科学、精准的数据支持。同时，智慧体育也为公益项目提供技术支持，如为残疾人和贫困地区的儿童提供运动训练课程和设施，为城市居民提供健身指导和服务等。

总之，智慧体育是一个运用现代科技手段，提升体育服务质量、推动体育产业转型升级、满足人们多元化体育需求的系统性工程。它不仅是智慧城市的重要组成部分，也是学校体育工作创新的重要方向。

二、智慧体育在校园篮球中的应用

（一）数据监测与分析

通过使用智能运动设备，如智能运动手环、智能运动鞋等，可以实时监测学生在训练或比赛中的各项数据，如心率、步数、跑动距离、消耗卡路里等。这些数据可以帮助学生和教练直观了解运动状态，进而调整训练计划或比赛策略。

（二）技能评估与提升

利用视频分析技术，可以对学生在训练或比赛中的技术动作进行捕捉和分析，从而找出技术上的不足并提供改进建议，这有助于提升学生的篮球技能水平。

（三）智能教学与训练

借助多媒体设备，如数码电子屏幕、投影仪等，可以对学生的篮球动作进行不同角度的拍摄和回放，帮助学生更直观地理解技术动作细节，提高训练效果。

（四）健康管理

智慧体育还可以帮助学生进行健康管理，预防运动损伤。例如，通过对学生的运动数据进行监测和分析，可以预测学生可能出现的运动损伤风险，从而提前进行预防。

（五）比赛组织与参与

通过智慧体育平台，可以更便捷地组织各种篮球比赛活动。学生可以通过手机或电脑等智能终端访问校园资源库，随时随地进行网络篮球学习，以提高学生的参与度、激发学生的兴趣点。

第三章 篮球运动健身的理论分析与普及发展

在体育健身领域，篮球健身是众多男性体育爱好者的首选运动项目之一，这也是篮球运动在我国得以广泛推广的一个重要群众基础。本章将对篮球运动健身的相关理论进行分析，以进一步促进篮球运动健身的科学普及与发展。

第一节 篮球健身的科学原理、原则与方法

当前，我国社会正处于快速发展时期，人们的工作、学习和生活方式都发生了巨大的改变，随之对精神文明的追求显著增加，人们愿意利用休息时间参与丰富的体育健身活动，其中篮球健身成为越来越多年轻人的首选项目。本节将对篮球健身的科学原理、原则和方法进行讲解。

一、篮球健身的科学原理

篮球作为一项运动项目，结合了有氧运动和肌肉力量训练，对身体的多个方面都有益处。经常进行篮球健身，可以全方位地提升身体素质和运动水平，对运动者的健康有显著帮助。因此，篮球运动成为人们休闲健身的主要选择，其有益身心全面发展的主要原理如下。

（一）高强度有氧运动

篮球是一项强度较高的有氧运动，持续奔跑、变换方向、跳跃等动作能够提高心肺功能和氧气输送能力，提高肌体免疫力。

（二）肌肉力量训练

篮球需要全身肌肉的参与，特别是下肢肌肉（如大腿肌肉）和核心肌群。运球、投篮、防守等动作需要肌肉力量的支持，因此篮球能够有效提高肌肉力量和耐力。

（三）协调性

篮球需要身体各部位的协调配合，如手眼协调、脚步灵活等，这对提高反应速度和身体协调性有益。

（四）灵活性

篮球比赛要求运动者快速而准确地执行多种动作，包括变向、跳跃和转身等，在训练过程中这些动作能显著提高身体的灵活性。因此，将篮球运动作为健身方式，不仅能锻炼运动者多个关节的运动能力，还将对神经系统进行强化训练，从而全面提升身体的灵活性。因此，选择篮球运动作为锻炼方式，对于追求灵活性的人来说，是一个绝佳的选择。

（五）团队合作与战术意识

篮球不仅是一项需要高度灵活性的运动，更是一项团队运动，它要求队员之间有高度的默契。在篮球场上，每一次成功的进攻和防守，都离不开团队成员的相互配合。因此，参与篮球训练和比赛，不仅能够锻炼个人的身体技能，更能培养团队合作意识和战术意识。在这个过程中，个人的决策能力和应变能力也会得到显著提高。所以，选择篮球作为健身方式，不仅能够提升身体灵活性，还能在团队合作和个人成长方面获得诸多益处。

二、篮球健身的原则

（一）以力量训练为基础

力量训练是篮球运动者体能训练和技能训练的重要基础。各个肌肉力量的均衡发展以及关键部位力量的发挥，可以提高运动者的速度、敏捷性和稳定性，从而更好地适应比赛中的各种动作要求。

（二）以速度训练为核心

速度是篮球运动的灵魂，也在一定程度上决定运动者的篮球水平。对于健身群体来说，尽管他们不追求多高超的技艺，但是加强速度训练是提升篮球技战术水平的必经途径。加强进攻和防守的速度练习，可以提高运动者的反应速度和移动速度，从而在场上占据优势。

（三）合理安排训练负荷

训练负荷是篮球健身过程中的关键因素，它直接关系到训练的效果和运动者的身体状况。因此，合理安排训练负荷很关键。

首先，要了解运动者的身体状况。这包括运动者的体质、健康状况、训练水平以及之前的训练负荷等。通过了解这些信息，可以评估运动者的承受能力和适应能力，为安排合适的训练负荷提供依据。

其次，要明确训练目标。不同的训练目标需要不同的训练负荷。例如，如果目标是提高运动者的力量，那么训练负荷应该相对较大，以刺激肌肉的生长和力量的提升。而如果目标是提高运动者的耐力和心肺功能，那么训练负荷应该适中，以确保运动者能够在较长时间内保持稳定的运动状态。

最后，还要考虑比赛需求。比赛对运动者的身体素质和技术水平都有很高的要求。因此，在训练过程中，要根据比赛的特点和需求来合理安排训练负荷。例如，如果比赛需要运动者具备出色的爆发力和速度，那么训练内容应该包括一些高强度的爆发力训练和速度训练。

在安排训练负荷时，要避免过度训练或训练不足的情况发生。过度训练可能导致身体出现过度疲劳、肌肉拉伤或过度训练综合征等问题，影响身体的健康和运动表现。而训练不足则可能无法达到预期的训练效果，浪费时间和资源。

三、篮球健身的科学方法

篮球健身的科学方法主要包括体能训练、技能训练、心理训练以及营养与恢复等方面。

（一）体能训练

体能训练是篮球健身的基础，包括耐力、力量、速度和灵敏性的训练。耐力训练可以通过长跑、游泳等方式进行；力量训练可以使用杠铃、哑铃等器械，或者通过身体训练（如俯卧撑、深蹲等）来增强肌肉力量；速度训练可以通过冲刺训练、变向跑等方式提高反应速度和移动速度；灵敏性训练则可以通过各种脚步动作、反应游戏等来进行。在进行体能训练时，可选择自己喜欢的方式，以能够长期坚持训练为主要原则，但要注意劳逸结合。下面重点以力量训练和速度训练为例，讲解一些简单有效的训练方法。

1.力量训练
（1）体前提拉
两脚并拢，双手各握一个轻哑铃，两臂伸展下垂置于体前。大臂向上带动小臂弯曲折叠，提拉哑铃到胸前高度，两臂在一条直线上，保持片刻，慢慢还原。反复练习。
（2）站姿单臂后摆
两脚并拢，一手持小哑铃，两臂自然下垂落于体侧。负重手臂后摆至最大限度，保持片刻，慢慢还原。反复练习。
（3）哑铃上举下蹲起
两脚开立同肩宽，双手各持一个哑铃在体侧上举至头顶高度，肘部弯曲接近垂直，大臂与躯体也基本垂直。两腿屈膝下蹲成半蹲，慢慢还原。反复练习。
练习过程中注意腰背部始终挺直，双手保持稳定。

（4）俯身单臂伸展

两脚开立，腿伸直，一只手握哑铃置于体侧，上体俯身，使躯干与下肢、手臂与躯体都基本垂直。

持哑铃手臂向后伸展至最大程度，拳眼向上，坚持3秒，慢慢还原。反复练习。

（5）哑铃颈后臂屈伸

①坐在椅子上，挺胸收腹，双手握住哑铃一侧使其呈竖着的状态。放松手腕，手臂充分向上举起，哑铃另一侧向下。

②手臂尽可能与耳朵贴近，以肘关节为圆心将哑铃下放到头后，体会肱三头肌充分拉伸的感觉，慢慢还原。

（6）哑铃平板卧推

①在长凳上平躺（上体和大腿在凳子上），小腿绷直使身体保持稳定，双手各持一个哑铃，掌心向前，拳眼相对。向上伸展手臂，微屈肘。

②吸气，手臂下放，感觉胸部完全活动开后，呼气，胸大肌发力带动手臂向上推至最高处。

在练习过程中，要注意不要过度向前伸肩，背部和大腿不离开长凳，胸肌充分活动。

2.速度训练

（1）跑步训练

①跑步，根据信号（拍手）转体180°，转体后向另一方向继续跑。

②10米折返跑，10米范围内完成10次折返跑练习。

（2）静态训练

①基本站立姿势，两手叉腰，两脚与肩同宽，下蹲后还原成开始姿势。每组8次，做4组。

②开始姿势为坐姿，单腿沿地面摆动成竖叉状，膝盖伸直，之后还原成开始姿势。每侧8次，换另一腿重复，做4组。

③仰卧，双腿所在平面向两侧分开成横叉动作，之后还原成开始姿势。共20次，做3组。

④开始姿势为站姿，面向横杆，手握横杆，一侧腿撑地，另一侧腿用力

向后摆动,头和躯干也尽量向后弯曲。之后还原成开始姿势。做10次后,双腿交换练习。

(二)技能训练

篮球健身的核心在于技能训练,篮球健身者为了提升技术水平和增强技术运用的准确性,需要通过反复练习运球、传球、投篮和防守等技术而不断精进。

1.传接球技术训练

(1)原地徒手模仿双手持球动作练习

练习者徒手模仿双手持球的动作,重点在于体会正确的持球姿势,即使手中没有球也要能够做出准确的动作。

(2)徒手模仿接球动作

在徒手状态下,做伸臂迎接来球并主动回收手臂的动作,以模仿接球的过程。

(3)原地双手持球基本姿势练习

每人持一球置于胸前,保持正确的双手持球姿势,体会正确的持球方法。

(4)手腕发力练习

每人持一球置于胸前,练习传球时的手腕发力动作,注意球不离手。

(5)固定距离传接球练习

两人一组,开始时相距4米,逐步增加至8米再缩短至4米,使用双手胸前传球和接球的方式进行练习。

(6)计时传接球比赛

两人一组,相距约5米,进行1分钟双手胸前传接球练习,并记录两人的传球总次数。

(7)同步传接球练习

两人一组,每组两人共持一球,一组做传球动作,另一组做接球动作,同组两人的手都不离开球,重复进行传接练习。

（8）移动接球练习

两人一组，相距4~6米，其中一人原地传球，另一人在左右前后移动中完成接球，之后两人交换角色继续练习。

（9）三人传接球练习

三人一组进行全场传接球练习，每次传球必须经过中间人，保持三人之间的三角队形，中间人在两侧人稍后位置。

（10）迎面上步传接球练习

练习者排成纵队，教练站在距纵队5~7米的位置。练习者上步接教练传来的球并回传给教练，然后跑回队尾，依此类推。可以增加跑动接球、急停、上步传球等动作，以加大练习难度。

2.持球突破技术训练

（1）脚步技巧模仿操练

精通两种不同的突破步伐模式，并练习跨步、转身及探肩等关键技术动作，增强脚步灵活性。

（2）无球突破模拟训练

分组实施，每组两人，一方扮演防守者静立前方，另一方模拟无球状态下的突破动作，双方交替角色练习，以体验攻防角色。

（3）定点持球突破模仿

队员分布于半场各处，选定篮筐为假想目标，原地模仿持球突破动作，注意脚步节奏与身体姿态的准确性。

（4）实战组合突破与投射

采取一对一形式，进攻方尝试持球突破，未果则迅速转换为跳投或行进间投篮，之后攻守互换，以实战模拟提升决策速度与得分技巧。

（5）突破后动态投篮强化

自罚球线出发，球员完成突破动作后直接行进间投篮（高手或低手），随后自行抢夺篮板球回归队尾，循环进行，增强连续动作的流畅性与体力恢复能力。

（6）挑战防守动态投篮演习

设置一名固定防守者（如教练），其余球员依次尝试突破此防线并完成投篮，随后积极拼抢篮板归队，此练习旨在提升在对抗压力下完成技术动作的能力。

3.防无球队员的技术训练
（1）投切防守定位训练
两人配对，一名进攻者仅做投篮和切入的假动作，防守者迅速调整步伐，维持良好的防守状态，确保既能封阻投篮又能及时阻止突破。
（2）动态防守反应练习
在距篮筐约6米的位置，防守者传球后立即贴身防守对手的投篮与突破组合动作。双方在完成特定任务或防守成功若干次后交换角色，强化防守者的即时响应与位置调整能力。
（3）底线防守战术练习
当进攻球员在底线附近接球时，防守者迅速占据有利位置，封锁底线突破路径，利用滑步与堵截步技术阻止对手沿底线突破，同时警惕对方可能的变向动作。

4.防有球队员的技术训练
（1）地滚球争夺训练
球员成对排列在端线两侧，教练位于中点投出地滚球，两人争抢后，抢到球者进攻，未抢到者防守，以此增强抢球意识和即时转换攻防的能力。
（2）持球抢夺练习
两人面对面站立，一持球一抢球，持球者逐渐增加持球力度，抢球者学习并掌握拉抢和转抢技巧，通过互换角色加强对防守技巧的掌握。
（3）三人间动态抢夺训练
三人小组中，中间球员持球并向两侧诱导，两侧球员据此尝试抢断，随后持球者转身跨步保护球，加强对抢断时机的把握和防守策略的应用。
（4）传球打断练习
两人一组，模拟传球情境，一球员做传球动作，另一球员迅速上步尝试打断传球，轮流练习以增强防守者的预判和干扰能力。
（5）运球防守打球练习
全场或半场环境下一对一练习，防守者紧随运球队员，在球刚离地瞬间打掉球，轮流攻守。

5.抢篮板球技术训练

（1）原地模仿抢篮板球训练

队员排列成两列，按照指令原地双脚跳跃，模仿单手和双手抢篮板球动作，提升跳跃力和空中抓球技巧。

（2）实战投篮练习

球员独自练习，向篮板或墙面投掷球并跟进起跳，练习单手或双手接住反弹球，着重于判断球的落点和起跳时机。

（3）个人头顶抛球抢篮板训练

个人训练，向上抛球并随即起跳，使用单手或双手在空中抢夺，提高个人的跳跃和空中控制能力。

（4）位置争夺练习

两人面对面站立，进攻者尝试通过假动作占据有利投篮位置，防守者则要转身阻挡并跳起模拟抢篮板，培养对抗意识。

（5）空中托球合作训练

双人合作，位于篮下两侧，轮流起跳至最高点时用手将球托过篮筐传递给对方，提高起跳能力、手眼协调能力以及与队友的配合能力。

（三）心理训练

心理训练是篮球健身活动中容易被忽视的部分。在篮球健身中会涉及篮球比赛，而篮球比赛不仅是体能的对抗，也是心理的较量。因此，需要通过心理训练来提高运动者的自信心、比赛心态和情绪管理能力，帮助他们在比赛中保持冷静和专注。

促进情绪稳定和保持冷静的最常用的心理训练法是表象训练法，表象训练法又称作"念动法"，是指运动员在头脑中对过去完成的正确技术动作的回忆与再现、唤起临场感觉的一种训练方法。通过多次动作表象的训练，能够提高训练者的表象再现及表象记忆能力。在比赛前进行表象训练，不仅能加强对技术动作的掌握，还可以使运动者注意力集中，消除紧张和焦虑等情绪，从而提高心理稳定性，促进临场的稳定发挥。

（四）注意营养与恢复

营养与恢复也是篮球健身不可忽视的方面。合理的饮食和营养补充可以帮助运动者恢复体力、提高训练效果。同时，充分的休息和恢复也是必不可少的，可以预防过度训练导致的伤害和疲劳。

1.营养补充要多样

人体所需的营养物质种类多样，保持营养的多样性摄入是第一原则。机体的运作需要多种物质的参与，即使是以减脂为目的，如果采取零脂肪、零碳水的饮食计划，势必会对健康造成长久的伤害。因此，营养健康的首要原则就是要保证营养摄入的多样性，只有在营养供应充足的前提下，机体才能发挥出最大效能，为体能训练提供最佳的基础保障。

2.营养补充要合理搭配

人们摄入食物是为了给机体提供营养物质，这些营养物质在体内经过复杂的协同作用为人体提供能量，使人体得以完成生命活动。人们经常听到的宣传是某种食物可以增肌，或者某种食物可以减脂。但是，这是一种不够准确的说法，因为无论是增肌还是减脂，都需要搭配其他食物，单独凭某一种食物或者不合理的搭配都不可能带来理想的效果。因此，营养摄入要注意科学、合理。比如，蛋白质是肌肉合成的重要营养物质，但是只有蛋白质还不行，还需要维生素C以及其他的微量元素共同参与才可以。所以，提到营养摄入的时候要具有一定的搭配意识，这样才能获得理想的营养补充效果。

3.营养补剂不是万能的

运动补充剂并不是万能的，这一点要客观认识。相关研究与实践表明，运动补充剂对人体有非常好的功效，但是作为某种营养的加强补充，运动补充剂是否适合长期使用还存在争议，目前也没有明确的科学定论。因此，应该对运动补充剂持客观理性的态度，补充要合理、要符合自身的具体实际，切忌盲目补充。

4.营养补充和促进恢复

人体在运动过程中，各个组织器官都处于兴奋状态，或者说是高速运转状态，人体的新陈代谢急剧加快，因此消耗了大量的营养物质。在运动后，需要及时补充营养以满足机体正常运转的需要，特别是处于身体发育期的青少年健身者。

另外，运动中产生的大量代谢产物也需要大量的能量才能对其进行分解和排出。为了促进疲劳恢复，可做一些慢跑、散步或拉伸运动，促进体内代谢物质的排出，减轻肌肉酸痛等症状。

第二节　业余篮球健身中的技术学习

一、运球技术学习

运球就是持球队员在原地或行进中用单手连续按拍球，球落地反弹后继续原地或移动中连续拍球推进的技术。

（一）运球动作

1.高运球

两脚开立，身体稍前倾，微屈膝，右臂自然弯曲，右手拍球上方，手臂跟随球移动的节奏上下来回摆动。争取每次拍按球后，使球落在身体右前方（图3-1）。

图3-1　高运球

2.低运球

屈膝，降低重心，上体前倾，主要用手指按拍球的后上方部位，动作短促有力，注意控制力度，尽量使球弹起后达到膝关节高度（图3-2）。

图3-2　低运球

（二）注意事项

1.基本姿势

在运球时，要保持身体平衡，双脚分开与肩同宽，膝盖微屈，身体重心稍向前倾。同时，非运球手要保护好球，避免被对手抢断。

2.手指控制

运球时,尽量用手指控制球的弹跳力,而不是用手掌。这样可以更好地掌控球的速度和方向,提高运球的灵活性。

3.抬头观察

运球时,要抬头观察场上的情况,包括队友和对手的位置,以及篮球场的整体形势。这有助于运动员作出更好的决策,如传球或突破。

4.力度与速度

运球力度要适中,既不要让球弹得太高,也不要让球紧贴地面。同时,运球速度要根据场上情况和个人能力进行调整,既要保证球的安全,又要具备突破能力。

5.变换节奏

在运球过程中,可以尝试变换节奏,如快慢结合,这有助于迷惑对手,制造突破或传球的机会。

6.多样化练习

运球技术动作练习要多样化,包括单手运球、双手交替运球、胯下运球、背后运球等。这样可以提高运动员在不同场景下的运球能力。

7.练习与实战结合

在练习运球技术动作时,要注意将练习与实战结合起来。在实战中,要根据对手的反应和场上的变化,灵活运用所学的运球技术。

二、传接球技术学习

传球就是把球传给同伴;接球是传球的终止,是为了获得球。

（一）传接球动作

1.传球技术

（1）双手胸前传球

十指分开，双手拇指相对成"八"字，用指根以上部位持球，肘弯曲，球放在胸前。传球时，后腿蹬地、重心前移，翻转手腕，前臂伸展，拇指用力下压，手腕前屈，用食指和中指的力拨球（图3-3）。

图3-3 双手胸前传球

（2）单手肩上传球

以右手传球为例。左脚向传球方向迈半步，同时引球到右肩上方，上臂平行于地面，肘臂外展，手腕后仰。左臂对准传球方向，重心在右腿，右脚蹬地，转体，前臂迅速前挥，手腕前屈，用食指和中指的力拨球。球出手后重心前移，保持平衡（图3-4）。

图3-4 单手肩上传球

2.接球技术

（1）双手接球

目视来球，伸展手臂，十指分开，两手保持半圆形，间距适中，两手拇指呈"八"字形，手指朝前上方。手指触球后，两臂随球后引，缓冲来球力量（图3-5）。

图3-5　双手接球

（2）单手接球

以右手接球为例。右脚向来球方向迈步，目视来球，接球时，手掌成钩形，五指分开，右臂伸向来球。手指触球后，右臂顺势后下引，左手迅速握球（图3-6）。

图3-6　单手接球

（二）注意事项

1. 正确的姿势

传接球时，应保持身体平衡，双脚分开与肩同宽，膝盖微微弯曲。同时，保持上半身的直立，以利于观察队友和对手的动向。

2. 手部动作

在接球时，手指应自然张开并弯曲成弧形，手掌向上翻转以更好地抓住篮球。在传球时，要确保手部的力度适当和方向准确，避免力度过大或方向不准确导致接球失败。

3. 视线与观察

在传接球过程中，视线至关重要。传球者需要观察接球者的位置和跑动速度，以及防守者的位置和意图。接球者则需要观察投球者的动作，以预判篮球的落点，并及时调整视线以观察周围情况。

4. 速度与准确性

传球动作要小，速度要快，做到迅速、准确。传球的力量大小应根据接球人的距离远近来确定，力量要适度，球的旋转速度也不宜过大。行进间传球时，要判断接球人的跑动速度，有一个提前量，做到以球领人。

5. 时机与配合

传球一定要抓住时机，见同伴有机会就应该及时传球，不要有任何的多余动作，以免给对手留下机会。同时，传球者和接球者之间需要有良好的配合，以便在比赛中更好地完成传接球动作。

三、投篮技术学习

投篮是持球队员将球投入篮圈所采用的各种动作方法的总称。

（一）投篮动作

1.原地右手投篮

双脚开立，屈肘，稍屈膝，上体前倾，手腕后仰，手心空出，持球于右前上方，左手扶球侧，目视篮点。投篮时两腿蹬伸，手腕前屈，用食指和中指拨球（图3-7）。

图3-7　原地右手投篮

2.跳起右手投篮

两脚开立，膝微屈，上体适度放松，目视篮圈。持球于胸腹间，起跳时，重心下移，伸腰、摆臂举球，同时向上跳起，至最高点时右臂伸向前上方，用指端拨球。落地时适度屈膝，以获得有效的缓冲，准备好抢篮板球或回防（图3-8）。

图3-8　跳起右手投篮

（二）注意事项

投篮是篮球运动中非常重要的技术之一，练习投篮时需要注意以下几点。

1.姿势与平衡

保持正确的站姿，双脚分开与肩同宽，脚尖稍微朝向篮筐方向，身体保持平衡。在投篮过程中，确保身体的重心稳定，避免因失去平衡而影响投篮的准确性。

2.手部姿势

手指要自然分开，轻轻托住球的下方，掌心不贴球。投篮时，手指和手腕要协调发力，确保球的出手方向和力度。

3.视线与瞄准

眼睛始终注视着篮筐，将视线与投篮目标点保持在一条直线上。这有助于更好地瞄准篮筐，提高投篮的命中率。

4.力量与节奏

投篮时,力量要适中,不宜过重或过轻。同时,要注意投篮的节奏,保持适宜的出手速度和高度。

5.练习方法

可以采用多种练习方法,如定点投篮、跳投、运球后投篮等,以提高投篮技术水平。

6.反馈与调整

在练习过程中,要注意观察球的飞行轨迹和落点,分析投篮动作的准确性和不足之处,及时调整投篮姿势和力度。

7.耐心与毅力

投篮技术的提高需要长时间的练习和经验积累,要有耐心和毅力,坚持不懈地练习。

四、持球突破技术学习

持球突破是持球队员运用移动和运球技术超越对手的一项攻击性很强的技术。持球突破是得分的重要手段。

(一)持球突破动作

1.原地持球交叉步突破

以右脚做中枢脚从防守队员右侧突破为例,两脚开立,微屈膝,重心下移,持球于胸腹位置。突破时,右脚向右前方迈小步,待防守者移动后,右脚快速蹬地向左前方跨一大步,稍向左转体,右肩向前下方压低,重心向左前方移，引球于身体左侧，左手推按球，左脚迅速蹬地突破对方的防守（图3-9）。

图3-9　原地持球交叉步突破

2.原地持球同侧步突破

以左脚作中枢脚为例，准备姿势和突破前的动作要领同上。突破时，用投篮假动作迷惑对方，当对手"上钩"时，右脚迅速向前跨，上体随动，左脚用力蹬地前跨，边运球边突破防守（图3-10）。

图3-10　原地持球同侧步突破

（二）注意事项

1.保持身体平衡是持球突破的关键

在突破时，要注意保持重心不倾斜，身体向前倾斜，也要保持身体侧向位移，依靠惯性让对手难以预判你的下一步走向。同时，手臂的动作也很重要，需要"护球手臂"和"进攻手臂"相互配合，保护好球，伺机突破。

2.使用虚晃或瞄篮等假动作迷惑对手

注意移动脚前掌内侧蹬地，中枢脚力碾地，上体前倾并转体，重心前移，以带动移动脚迅速向突破方向跨出。跨出的第一步要稍大，以缩小后蹬腿与地面所成的角度，增加后蹬力量，争取第一步就接近甚至超越对手。

3.注意转体探肩和推按球的动作

转体探肩能使身体重心继续前移，加快突破速度，同时占据空间有利位置和保护球。推按球则是在蹬跨、转体探肩的同时，将球由体前推引至远离防守队员一侧，并在中枢脚离地前推按球离手，以便更好地控制球权。

五、抢篮板球技术学习

抢篮板球是指在篮球比赛中双方运动员争抢投篮未中的球的技术。

（一）抢篮板球动作

1.抢进攻篮板球

以外线队员抢篮板球且从防守人身后左侧冲抢为例。进攻队员与球篮相对时，右脚向右跨步，做假动作，随后右脚以小步向左跨出，重心落在左脚，同时右脚迅速向前跨步绕前，挤靠防守队员，从而跳起抢篮板球或补篮（图3-11）。

2.抢防守篮板球

对于处于外围的防守队员抢篮板球，当进攻队员投篮、防守队员面向对手时，进攻队员观察对手的意图，转身阻止对手移动到篮下，抢占有利位置。起跳抢球时，两臂上摆，同时，前脚掌用力蹬地，身体和手臂迅速伸展，并在最高点及时迅速抢球（图3-12）。

图3-11 抢进攻篮板球

图3-12 抢防守篮板球

（二）注意事项

1.抢占位置

抢占位置是抢篮板球技术的关键。要根据击球的方向、距离和弧度，判断球错过反弹的位置，并观察对手的动作，迅速移动，以占据有利的位置。无论是进攻队员还是防守队员，在抢篮板球时，都应主动占据篮筐与对手之间的位置，挡住对手。同时，要注意球的落点和对手的方向，准备起跳抓球。

2.起跳准备与时机

起跳前两腿微屈，重心降低，上体稍前倾，两臂屈肘举于体侧，重心置于两脚之间。要注意观察判断球的反弹方向和落点，以便及时起跳。防守队员一般采用踩点、后退或双脚同步起跳的方法抢篮板球，而进攻球员则可能采用一只脚在助跑时起跳或两只脚跨过台阶起跳的方式。起跳的关键在于准确判断球的方向和落点，以便在最高点抓住球。

3.双手与单手抢篮板

双手抢篮板时，指端触球瞬间，双手用力握球，腰腹用力，迅速将球拉入胸腹部位，同时两肘外展以保护球。单手抢篮板时，跳起达到最高点以指端触球后，迅速屈指、屈腕、屈肘收臂，将球下拉，另一只手扶球、护球于胸腹部位。

4.动作连贯与协调

起跳时，两脚用力蹬地，同时两臂上摆，手臂上伸，腰腹协调用力，充分伸展身体，并控制身体平衡。

5.后续动作

抢到篮板球后，根据场上情况，可以选择补篮、投篮、迅速传球给同伴重新组织进攻，或者在空中将球传出、落地后迅速传出，或者运球突破后及时传给同伴。

第三节　篮球健身的科学医务监督

一、篮球健身医务监督的组织与实施

篮球健身医务监督的组织与实施是一个复杂的系统过程，它涉及对运动员身体状况的全面评估、个性化训练计划的制订、训练过程监控以及及时处理可能出现的运动损伤或疾病。以下是具体的组织与实施步骤。

（一）组织阶段

1.建立医务监督团队

组建由专业医生、运动医学专家、营养师等组成的医务监督团队，他们应具备丰富的运动医学知识和实践经验，能够准确评估运动员的身体状况，提供科学的训练建议。

2.制定医务监督制度

明确医务监督的工作职责、工作流程和应急预案，确保医务监督工作有章可循，能够高效、有序地进行。

3.开展运动员健康评估

在运动季开始前，对运动员进行全面的身体健康检查，包括心肺功能、肌肉力量、柔韧性等方面的测试，全面了解他们的身体状况和运动能力。

（二）实施阶段

1.制订个性化训练计划

根据运动员的健康评估结果，结合他们的训练目标和个人特点，制订个性化的训练计划。计划应包括训练内容、训练强度、训练时间等要素，以确保运动员能够在安全、有效的条件下进行训练。

2.监控训练过程

在训练过程中，医务监督团队应密切关注运动员的身体反应和训练情况，及时发现并处理可能出现的运动损伤或疾病。对于出现不适或异常反应的运动员，应立即停止训练并进行进一步检查和治疗。

3.定期评估调整

定期对运动员的身体状况进行评估，根据评估结果对训练计划进行调整。同时，也要关注运动员的心理状态，及时给予心理支持和疏导，帮助他们保持良好的心态和训练状态。

（三）应急处理

1.建立应急预案

针对可能出现的运动损伤或疾病，制定详细的应急预案，包括应急处理流程、急救措施、转运安排等。

2.配备急救设备和药品

确保训练场地配备齐全的急救设备和药品，以便在紧急情况下能够迅速进行救治。

3.加强急救培训

定期对医务监督团队和教练员进行急救培训,提高他们的急救能力和应对突发事件的能力。

通过以上措施的实施,可以有效地保障篮球健身活动的安全、降低运动损伤和疾病的发生率、增强运动员的训练效果、提高运动员的竞技水平。

二、篮球健身中医务监督的方式

(一) 自我监督

对于篮球健身者而言,最重要的安全保障就是要强化安全意识,掌握基本的自我保护技能,学会篮球运动中常见伤病的紧急处理方法。这样才能够建立起一套有效的自我医务监督体系,保障篮球健身在一个相对安全的条件下进行。

(二) 健身伙伴的监督

篮球是一项集体对抗性运动,一般情况下,健身者都喜欢结伴进行锻炼,这样能够进行全面的基础锻炼和技战术训练。因此,在医务监督方面,健身伙伴彼此之间可以相互监督,一旦发现伙伴有异常现象,应主动询问其感受,并暂停锻炼,在排除了身体异常的情况之后再继续锻炼。这就需要每个人都掌握一定的医学常识和常见的救助手段,以备不时之需。

第四节　群众参与篮球健身活动的现状与建议

一、群众参与篮球健身活动的现状

（一）普及程度逐渐提高

1.参与人数增加

随着健康理念的普及和人们生活水平的提高，越来越多的群众开始关注自身的健康状况，选择参与篮球健身活动。篮球运动以其独特的魅力和健身效果，吸引了越来越多的人参与，使篮球的普及程度逐渐提高。

2.活动形式多样

群众篮球健身活动的形式也在不断丰富和多样化。除了传统的篮球比赛，现在还有各种形式的篮球健身活动，如三人篮球、街头篮球、篮球公园等，这些活动形式更加灵活多样，适合不同年龄段和身体状况的群众参与，进一步推动了篮球运动的普及。

3.篮球文化深入人心

随着篮球运动的普及，篮球文化也逐渐深入人心。越来越多的人开始关注篮球赛事，了解篮球规则，学习篮球技巧，篮球已经成为一种时尚和文化的象征。这种文化氛围的形成进一步推动了篮球的普及和发展。

（二）篮球场地和设施不足

纵观全国，篮球场地和设施明显不足，这不仅限制了群众参与篮球健身活动的范围和频率,也影响了篮球运动在群众中的普及。

1.场地数量有限

尽管篮球运动在群众中的普及程度正在提高,但相应的篮球场地数量并没有跟上这个趋势。很多地方的篮球场地数量有限,无法满足广大群众的需求,导致很多人无法在正规场地参与篮球健身活动。

2.设施质量参差不齐

现有的一些篮球场地和设施,由于建设和维护的原因,质量参差不齐。有些场地设施陈旧、损坏严重,不仅影响了群众参与篮球健身活动的体验,也增加了运动损伤的风险。

3.分布不均衡

篮球场地和设施的分布也存在不均衡的问题。在一些城市地区,篮球场地和设施相对集中,而在一些偏远地区或农村地区,则几乎没有合适的篮球场地和设施,使得这些地区的群众难以参与篮球健身活动。

(三)因缺乏技能和自信而不敢参与

1.技能水平不足

篮球是一项需要一定技能基础的运动,包括运球、投篮、防守、传球等基本技巧。对于一些初学者或者技能水平较低的人来说,他们在参与篮球活动时可能会感到力不从心,无法与其他人配合或者达到一定的水平,从而产生挫败感。

2.自信心不足

除了技能水平不足外,一些人还可能因为自信心不足而不敢参与篮球健身活动。他们可能担心自己的表现不佳,害怕被他人评价或者嘲笑,这种担忧会影响他们的参与意愿和积极性。

二、群众参与篮球健身活动的建议

(一) 加大篮球场地和设施的建设力度

1.政府加大投入力度

政府可以通过制定相关政策,加大对篮球场地和设施建设的投入力度,提供资金支持和优惠政策,鼓励企业和社会各界参与建设。

2.利用社会资源

可以积极利用社会资源,引导社会资本进入篮球场地和设施建设领域。例如,可以与房地产开发商合作,在新建小区或者商业综合体中规划篮球场地和设施,多渠道满足居民和消费者的需求。

3.合理规划布局

在建设篮球场地和设施时,需要合理规划布局,要考虑到不同地区和人群的需求。可以在城市郊区或者人口密集区域增加篮球场地和设施的数量,同时注重设施的均衡分布,确保更多人能够享受到篮球运动的便利。

4.提高设施质量

在建设篮球场地和设施时,需要加强质量管理,确保设施的安全性和耐用性。可以采用高品质的建材和设备,加强设施的维护和保养,提高设施的使用效益。

5.考虑多功能性

篮球场地和设施不仅可以用于篮球比赛和健身活动,还可以用于其他体育项目的训练和比赛。因此,在建设时可以考虑设施的多功能性,综合满足不同体育项目的需求,提高设施的利用率和效益。

（二）积极开展篮球培训和指导活动

1.组织专业教练团队

组建一支专业的篮球教练团队，他们要具备丰富的篮球知识和教学经验，能够根据不同参与者的需求和能力，提供有针对性的指导和培训，从而提升群众的自信心，促进篮球健身活动的普遍开展。

2.制订培训计划

制订详细的培训计划，包括培训目标、内容、时间和地点等。确保培训内容涵盖篮球基本技巧、比赛规则、体能训练等多个方面，以满足不同参与者的需求。

3.分级教学

根据参与者的篮球水平和年龄，开展分级教学。对于初学者，可以提供基础技能培训；对于有一定基础的参与者，可以提供进阶技能和战术培训。

4.实践与理论相结合

在培训过程中，注重实践与理论相结合，让参与者在掌握理论知识的同时，通过实际操作巩固技能，提高实战能力。

5.举办培训活动

定期举办各种形式的篮球培训活动，如暑期篮球训练营、周末篮球班等。同时，可以与学校、社区等合作，为青少年和社区居民提供篮球培训服务。

6.提供在线教学资源

利用现代科技手段，如网络平台、移动应用等，提供在线篮球教学资源，让参与者随时随地学习篮球技能，提高学习效率。

（三）组织丰富多彩的篮球比赛活动

1. 多样化比赛形式

除了传统的篮球比赛，还可以尝试组织其他形式的篮球活动，如三分球大赛、扣篮大赛、技巧挑战赛等。这些活动能够吸引不同类型的篮球爱好者参与，能大幅增强比赛的趣味性和观赏性。

2. 设置不同级别的比赛

针对不同水平的篮球爱好者，可以设置不同级别的比赛，如业余组、专业组、青少年组等。这样可以让每位参与者都能在适合自己的水平范围内享受挑战的乐趣。

3. 社区篮球联赛

组织社区篮球联赛，鼓励各个社区的篮球爱好者组队参赛。这不仅可以增强社区之间的交流和互动，还能激发群众的参与热情，提高篮球运动的普及率。

4. 企业篮球赛

鼓励企业组织内部或跨企业的篮球比赛，这不仅可以提高员工的身体素质和团队合作能力，还能为企业间的交流合作搭建平台。

5. 线上篮球比赛

利用现代科技手段，组织线上篮球比赛。参与者可以通过网络平台进行实时对战，打破地域限制，扩大参赛范围。

6. 举办篮球嘉年华

结合篮球比赛，举办篮球嘉年华活动，如篮球文化展览、篮球明星见面会、篮球主题音乐会等。这样既能吸引更多人参与篮球比赛，也能够丰富群众的篮球文化体验。

7.加强宣传推广

通过各种渠道加强对篮球比赛活动的宣传推广，如社交媒体、短视频平台、电视广播、报纸杂志等，以提高活动的知名度和影响力，吸引更多群众的关注和参与。

第五节　全民健身背景下篮球运动的全民推广

在全民健身的背景下，篮球运动的全民推广具有重要意义。篮球运动不仅具有广泛的群众基础，还能有效提高身体素质、培养团队协作精神和竞技能力。为了在全民健身中更好地推广篮球运动，有如下建议。

一、加强基础设施建设

政府和社会各界应加大对篮球场地和设施建设的投入力度，特别是在城市社区、乡村和学校等地方，建设更多标准篮球场地，并提供高质量的篮球设施。同时，合理利用现有场地资源，提高场地使用效率，以满足更多人的篮球健身需求。

二、开展篮球普及活动

通过举办篮球讲座、培训班、篮球体验营等活动，向广大群众普及篮球知识和技能，提高他们对篮球运动的认识和兴趣。同时，鼓励篮球爱好者积极参与篮球活动，分享篮球经验，形成良好的篮球运动氛围。

三、举办多样化篮球活动

举办多样化篮球活动是推广篮球运动并吸引更多人参与的关键手段。具体建议如下。

（一）篮球文化节

为了增进大众对篮球文化的了解与热爱，可策划一场盛大的篮球文化节。这场文化节不仅是一场篮球的盛宴，更是一次篮球文化的深度传播与普及。

文化节上，首先应设置一个篮球历史展览区。在这里，观众可以通过图文并茂的展板、珍贵的历史照片和实物展品，了解篮球的起源、发展和演变过程。从最初的简单游戏，到如今的全球热门运动，篮球的历史充满了传奇和故事。通过参观展览，观众能够更深入地了解篮球的深厚底蕴和文化内涵。

还可以安排一些篮球技巧展示环节。专业的篮球运动员和教练将现场展示他们的精湛技艺。他们的表演不仅可以让观众大饱眼福，更能激发了大家对篮球运动的热爱和向往。

（二）篮球嘉年华

结合篮球比赛，可组织一场别开生面的篮球嘉年华活动，旨在为观众和参与者提供更多娱乐和互动机会，让大家在紧张激烈的比赛之余，也能感受到篮球运动带来的欢乐。

篮球主题音乐会作为嘉年华的亮点之一，吸引了众多音乐爱好者和篮球迷的关注。在优美的旋律中，观众仿佛置身于篮球的梦幻世界，感受着篮球与音乐完美融合的奇妙体验。音乐会现场，知名歌手和乐队为观众带来了激情四溢的演出，让大家在欣赏音乐的同时，也能感受到篮球运动的激情和活力。

通过设置篮球技能挑战赛，让参赛者们可以一展身手，挑战自己的篮球极限。在挑战赛中，无论是精准的投篮、灵活的运球，还是巧妙的过人动作，都让人目不暇接，赞叹不已。

除了这些精彩的活动，还可以设置多种篮球游戏和趣味项目，让人们在轻松愉快的氛围中体验篮球的乐趣。比如，设置投篮比赛、运球接力等游戏项目，让大家在互动中感受篮球运动的魅力。这些游戏项目不仅考验了参与者的篮球技能，也增强了他们的团队协作能力和竞争意识。

（三）篮球亲子活动

亲子篮球赛或篮球亲子体验营是一种既有趣又富有教育意义的活动，它鼓励家庭成员共同参与，不仅能够增进亲子关系，还能够培养孩子们对篮球的兴趣。在亲子篮球赛中，家长和孩子一同穿上运动装，踏上篮球场，携手并肩进行激烈的比赛。这不仅是一个展示球技的舞台，更是一个增进亲子交流、培养团队协作精神的绝佳机会。在比赛中，家长可以亲身示范，传授孩子篮球技巧，而孩子也能通过比赛学会如何与队友配合，如何应对挑战。

篮球亲子体验营则为家庭成员提供了一个更好的篮球体验机会。在体验营中，专业的教练会针对不同年龄段的孩子设计相应的教学计划和内容，让孩子在轻松愉快的氛围中学习篮球技能。家长则可以陪伴孩子一起参与各种趣味篮球活动，共同度过一段难忘的亲子时光。

学校和企业还可以开设篮球技能培训课程。这些课程可以根据不同年龄段学生的特点和需求，制订个性化的教学计划。例如，对于初学者，课程可以注重基础技能的训练，如运球、传球、投篮等；对于有一定基础的孩子，则可以加强战术意识的培养和实战演练。通过这样的培训，学生不仅能够在技术上得到提升，还能够在比赛中更加自信、从容地应对各种情况。

（四）企业篮球挑战赛

为了进一步增强员工的团队意识和凝聚力，许多企业纷纷组织开展篮球挑战赛。这种挑战赛不仅为员工提供了一个展示篮球技能的平台，更加强了企业之间的交流与合作。

在篮球挑战赛中，各个企业会选拔出优秀的球员组成代表队，与其他企业进行激烈的比赛。这种竞争不仅考验了球员的篮球技能，更考验了他们的团队协作能力和战略思维。在比赛中，球员需要相互配合，共同应对挑战，通过团队的努力争取胜利。这种经历不仅让员工更加深入地了解到团队合作的重要性，也让他们更加珍惜与同事之间的友谊和默契。

为了帮助企业提高篮球技能和比赛水平，还可以提供专业的篮球培训和指导。通过组建专业的篮球教练团队，对企业员工进行系统的篮球训练，从基础技能到战术配合，全方位提升他们的篮球水平。同时，针对企业的特点和需求，制订个性化的培训方案，确保培训效果的最大化。

在培训过程中，教练耐心指导球员掌握正确的动作要领和技巧，帮助他们逐步提高自己的篮球技能。同时，教练还会分享比赛经验和战术思路，帮助球员更好地适应比赛节奏和应对各种情况。

通过企业间的篮球挑战赛以及专业的篮球培训和指导，员工不仅能够在比赛中展示自己的才华和实力，更能够在团队中发挥自己的作用和价值，进而为企业的发展贡献自己的力量。这种积极向上的氛围和团队精神也将成为企业不断前进的动力。

（五）线上篮球活动

在互联网技术日益发展的今天，应充分利用互联网平台开展线上篮球活动，为广大篮球爱好者提供全新的互动体验。线上篮球挑战赛、篮球知识竞赛、虚拟篮球赛等一系列精彩纷呈的活动，让人们在虚拟世界中也能感受到篮球运动的激情与魅力。

线上篮球挑战赛利用在线平台，让参赛者可以随时随地参与比赛。通过上传自己的篮球视频或直播比赛，参赛者们可以展示自己的篮球技艺，与其他篮球爱好者一较高下。这种形式的比赛不仅突破了地域限制，还让更多人有机会展示自己的才华。

篮球知识竞赛则通过在线答题的形式，考验参赛者对篮球运动的了解程度。题目涵盖篮球规则、战术、历史等多个方面，既有趣味性，又有教育意义。参与者们在答题过程中不仅能增长知识，还能结交到志同道合的朋友。

虚拟篮球赛则是一种创新的篮球体验方式。利用虚拟现实技术，参赛者可以在虚拟的篮球场上进行比赛，与全球各地的球员一决高下。这种形式的比赛不仅让人们在游戏中感受到篮球的乐趣，还能提高他们的篮球技能和战术意识。

为了吸引更多人参与线上篮球互动，可以积极利用社交媒体等平台进行宣传推广。通过发布活动信息、分享精彩瞬间、邀请明星嘉宾助阵等方式，吸引大量粉丝和篮球运动喜爱者的关注。这些平台不仅提供了与粉丝互动的机会，还扩大了活动的影响力，让更多人了解和参与到线上篮球活动中来。线上篮球活动的开展不仅丰富了人们的业余生活，也为篮球运动的推广和普及提供了新的途径。

（六）公益篮球活动

组织公益性质的篮球活动，如篮球支教、篮球慈善赛等，为需要帮助的地区或群体提供支持和关爱。通过公益篮球活动，传播正能量，提高篮球运动的社会影响力。

总之，举办多样化篮球活动需要结合不同人群的需求和兴趣，不断创新活动形式和内容，以吸引更多人参与篮球运动。同时，要注重活动的宣传和推广，全面提高活动的知名度和影响力。

四、利用现代科技手段推广

利用现代科技手段推广篮球运动是提升篮球普及度和参与度的重要途径。以下是一些具体的建议，以帮助利用现代科技手段推广篮球运动。

（一）社交媒体推广

在当今社交媒体盛行的时代，应积极利用微博、微信、抖音等热门平台，将篮球赛事、活动、教学视频等内容呈现给广大粉丝。通过精心策划和制作，发布的内容不仅要丰富多彩，而且要充满趣味性和教育意义，以吸引大量粉丝的关注和互动。

在微博平台上，定期发布篮球赛事的预告、赛况和精彩瞬间，方便大家的欣赏和交流。

微信平台则更注重与篮球爱好者的深入互动。通过建立篮球爱好者微信群，邀请人们加入并分享自己的篮球故事和经验。此外，还可以在微信上发布篮球活动信息，鼓励大家积极参与。通过线上线下的结合，打造了一个篮球爱好者的交流平台。

以短视频推广为特色的抖音，成为展示篮球魅力的重要平台。通过制作一系列篮球技能展示、比赛精彩瞬间等短视频，通过特效和剪辑技巧，让内容更加生动有趣。粉丝们可以在抖音上观看、点赞和分享，让篮球的魅力更快更美地传递给更多人。

还可以积极与篮球明星、意见领袖合作。借助他们的影响力和粉丝基础，将篮球赛事和其他活动推广给更广泛的人群。这些明星和意见领袖也会在社交媒体平台上发布相关内容，与粉丝们进行互动交流，为篮球运动的推广贡献力量。

（二）在线直播与转播

利用在线直播平台，为篮球比赛、教学活动等提供实时直播或转播服务，可以让更多人跨越地域限制，随时随地观看。这一举措不仅满足了广大篮球爱好者的需求，也为篮球运动的推广和普及开辟了新的途径。

在直播过程中，采用先进的技术手段，确保直播画面的高清与流畅。观众可以清晰地看到球员们的每一个动作，感受比赛的激烈与精彩。同时，还应提供专业的解说服务，为观众解读比赛进程、分析战术策略，让观众更加深入地了解比赛情况。

在提供直播服务的过程中，要注重提升观众的观看体验。除了保证画质和流畅度外，可设置互动环节，让观众能够参与到直播中来。观众可以通过弹幕、评论等方式与主播和其他观众进行交流，分享自己的看法和感受。这种互动形式不仅增加了观看的趣味性，也让观众可以更加深入地参与篮球运动。

（三）移动应用开发

开发篮球相关的移动应用，如篮球教学、赛事报名、成绩查询等，方便用户随时随地了解和使用。优化用户体验，提供简洁明了的界面和流畅的操作体验。通过应用内推送、消息提醒等功能，及时向用户传递篮球活动的最新动态。

（四）虚拟现实（VR）与增强现实（AR）技术

利用VR和AR技术，为用户提供沉浸式的篮球体验，如模拟比赛、场馆参观等。与教育机构、景区等合作，推出VR/AR篮球体验项目，吸引更多人参与和体验。开发篮球教学VR/AR应用，帮助用户更直观地学习篮球技能和战术。

（五）大数据分析

收集和分析用户数据，了解用户的行为习惯、兴趣偏好等，为推广策略提供数据支持。根据用户需求和兴趣，推送个性化的篮球内容，提高推广效果。与其他领域的企业或机构合作，共享数据资源，共同推广篮球运动。

（六）在线教育与培训

提供在线篮球教学视频、课程等，满足用户在家自学篮球技能的需求。邀请篮球明星、教练进行在线直播教学，与用户互动交流，提高学习效果。建立在线篮球社区，鼓励用户分享经验、交流心得，营造良好的学习氛围。

第四章 竞技篮球运动训练的理论分析与高水平发展

竞技篮球是篮球运动的核心部分，决定着篮球运动的最高水平和整体走向，本章将重点分析竞技篮球的训练理论以及未来发展等问题。

第一节 现代竞技篮球的现状与发展趋势

一、职业化与商业化

现代竞技篮球日益职业化和商业化，各人联赛和球队越来越注重商业运作和品牌建设。职业球员的薪资水平不断提高，球队的管理和运营也更加专业化和高效化。同时，商业赞助和广告收入也成为球队重要的资金来源，并推动了篮球运动的快速发展。

商业化的运营和推广手段为篮球运动带来了更多的关注，提升了篮球运动的品牌价值和商业价值。商业赞助成为篮球运动发展的重要资金来源，各种商业品牌和机构通过赞助篮球比赛和球队，获得品牌曝光和推广机会。同时，篮球比赛和球员的商业价值也不断提升，球员的代言和广告收入也成为他们收入的重要来源。

二、全球化与多元化

现代竞技篮球已经成为一项全球性的运动，各大联赛和球队之间的交流和合作不断加强。

（一）国际交流日渐繁荣

篮球运动已经成为一项全球性的运动，各国之间的篮球交流和合作不断加强。例如，国际篮球赛事（如奥运会篮球比赛、世界篮球锦标赛等）吸引了来自世界各地的球队参与，各国篮球联赛也积极引进外籍球员和教练，促进了篮球技艺和文化的交流。这种全球化趋势使篮球运动在全球范围内得到了普及和推广，提高了篮球运动的国际影响力。

（二）现代篮球的多元化发展趋势明显

球员的国籍和文化背景越来越多元，不同风格的篮球技艺相互融合，为篮球运动的发展注入了新的活力。例如，美国的NBA联赛汇聚了来自世界各地的顶级球员，他们的不同技艺和风格为联赛带来了更多的观赏性和竞争性。同时，各国篮球联赛也在积极推广和培育本土球员，形成了各具特色的篮球文化和风格。

（三）赛事的多样性和包容性

各种不同类型的篮球赛事和活动层出不穷，如三人篮球赛、街头篮球赛等，这些赛事和活动不仅丰富了篮球运动的内涵和外延，也吸引了更多不同背景和层次的参与者。同时，残疾人篮球运动的发展使更多人能够参与到篮球运动中。

三、技艺化与智能化

现代竞技篮球对球员的技艺要求越来越高，技术、战术和体能等方面的训练日益精细化。同时，篮球运动也更加注重球员的智力和心理素质，球员需要具备快速判断、准确决策和稳定心态等能力。

首先，技艺化趋势体现在对球员技术、战术和体能等方面的要求越来越高。现代篮球比赛节奏更快、对抗更激烈，要求球员具备全面的篮球技艺，包括精准的投篮、灵活的运球、快速的突破、准确的传球以及出色的防守等。同时，球队也更加注重战术的运用和执行，要求球员具备较高的战术素养和配合能力。因此，球员需要不断通过训练和实践提高自己的技艺水平，以适应现代篮球比赛的高要求。

其次，智能化趋势则体现在球员对比赛的理解和决策能力上。现代篮球比赛中，球员需要快速判断场上的形势和对手的意图，作出正确的决策和应对。这要求球员具备较高的智商和心理素质，能够在压力下保持冷静和清晰的思维。同时，球员还需要具备较强的学习和适应能力，能够不断吸收新的战术理念和技能，并将其应用到比赛中。因此，现代篮球运动员不仅需要具备出色的身体条件和技术水平，还需要具备较高的智商和心理素质。

此外，随着科技的发展，现代篮球的技艺化与智能化趋势也得到了更多的支持和助力。例如，数字化技术的应用使球员可以通过视频回放、数据分析等方式更加科学地进行训练，进而提高自己的技艺水平。同时，智能化技术的应用也为球员提供了更多的比赛信息，帮助他们更好地理解和应对比赛。

总之，现代篮球的技艺化与智能化趋势是篮球运动发展的重要方向。球员需要不断提高自己的技艺能力和智能化水平，以适应现代篮球比赛的高要求。

四、数字化与科技化

现代竞技篮球在数字化和科技化方面也取得了很大的进展。数字化技术被广泛应用于球员的训练和比赛中，如数据分析、视频回放、运动监测等，为球员的训练和比赛提供了更加科学和精准的支持。

（一）数据分析与运用

现代篮球越来越依赖数据分析。从球员的个人表现到整队的战术运用，所有的信息都可以被详细记录和分析。这种数据分析不仅用于训练和比赛后的总结，也实时地指导着比赛中的决策。例如，通过数据分析，教练可以了解球员在场上的活动特点、投篮命中率、防守转换进攻的效率等，从而作出更具针对性的战术调整。

（二）智能穿戴设备的普及

智能手环、智能球鞋等设备可以帮助球员实时监测自己的身体状况，包括心率、步数、运动轨迹等，从而了解自己的身体状况，调整训练计划，避免运动损伤。

（三）科技化的训练方法

现代篮球训练方法也越来越科技化。例如，通过科技手段模拟实战环境，进行有针对性的训练；通过智能设备监测训练效果，及时调整训练计划等。

第二节 竞技篮球运动训练的理论基础

一、运动训练学原理

竞技篮球训练的首要理论基础是运动训练学原理，它涵盖了训练计划制订、训练负荷控制、训练方法与手段选择等方面的内容。这些原理指导着教练员如何科学、系统地指导训练，以达到提高运动员竞技能力的目的。

二、篮球专项技术理论

竞技篮球训练的目标是提高运动员的篮球专项技术水平和战术水平，包括运球、传球、投篮、防守等基本技术，以及进攻战术、防守战术等团队技术。专项技术理论为运动员参与训练和比赛提供了明确的技术指导和规范。

三、体能训练理论

体能训练是竞技篮球训练的重要组成部分，它涉及力量、速度、耐力、灵敏等多个方面。体能训练理论为运动员提供了科学的训练方法和手段，帮助他们在比赛中保持良好的体能状态。

四、心理训练理论

竞技篮球运动员在比赛中面临着巨大的心理压力，因此心理训练也是竞技篮球训练的重要组成部分。心理训练理论关注运动员的自信心、比赛心态、情绪管理等方面，帮助他们建立稳定的心理状态，提升比赛表现。

五、运动营养与恢复理论

竞技篮球运动员参加训练和比赛对身体能量的消耗极大，因此采取合理的营养摄入和疲劳恢复措施至关重要。运动营养与恢复理论为运动员提供了科学的饮食建议、营养补充和疲劳恢复方法，帮助他们更好地适应训练和比赛。

第三节　竞技篮球运动训练的原则与方法

一、竞技篮球运动训练的原则

（一）个性化原则

每位球员的体能水平、技术特点、训练目标都有所不同，因此体能训练应该根据个人情况进行个性化安排。通过对球员进行体能测试和分析，为其量身定制合适的训练计划，确定每位球员的强项和需改进的方面。

制订个性化训练计划首先需要对球员进行全面的评估，包括了解他们的身体状况，如身高、体重、肌肉比例、柔韧性等，以及技术水平，如运球、投篮、防守等各方面的能力。此外，球员的比赛经验、心理素质以及个人目标也是制订个性化计划时需要考虑的因素。

基于这些评估结果，教练可以为每位球员量身定制一套适合他们的训练计划。例如，对于身体素质较差的球员，计划可能更加注重基础体能训练；对于技术水平较高的球员，计划可能更注重技术细节的打磨和战术配合的训练。同时，对于比赛经验不足的球员，计划还可以包括模拟比赛和心理素质训练。

个性化训练计划的实施需要教练和球员的密切合作。教练要定期跟进球员的训练情况，及时调整计划以适应球员的进步和需求。球员则需要按照计划进行训练，并反馈自己的真实感受和进步情况。

通过个性化训练计划的实施，不仅可以提高训练效果，还可以增强球员的自信心和比赛动力。如此一来，他们会更愿意投入训练中，因为他们知道训练计划是根据他们的实际情况和需求制订的，能够帮助他们尽快实现个人目标。

（二）循序渐进原则

篮球训练应该按照"由浅入深、由易到难"的原则进行，逐步增加训练强度和难度。球员应该从基础训练开始，逐步增加训练强度，但也要避免过度训练导致伤病和疲劳。

（三）全面发展原则

篮球运动训练应该全面发展球员的身体素质、篮球技术、战术等多个方面的能力，而且要把耐力、速度、爆发力、灵活性、协调性等体能素质训练和技战术训练有机结合。此外，应根据球员的情况，选择最合适的训练内容和方法进行系统、全面的训练。

（四）训练量与训练强度统一原则

现代篮球运动训练要求训练量和训练强度同时增加。运动员需要接受长时间的高强度运动训练，同时还需要通过训练强度的刺激，以达到最佳的训练效果。

以上原则的制定是为了保证运动员在训练中的全面发展，提高运动员的竞技能力和水平。在实际的训练过程中，教练员和运动员应该根据具体情况灵活运用这些原则，以达到最佳的训练效果。

二、竞技篮球运动训练的方法

（一）分解训练法

在竞技篮球训练领域，分解训练法是一种高效策略，它通过将复杂的技术动作或战术部署拆解成若干可管理的部分，逐一练习，进而促进运动员对复杂技术的深入理解和掌握。此方法尤其适用于那些难以直接整体掌握的技术或战术。训练时，比如一个复杂的进攻战术，会被分解成站位、传球、跑动和投篮等多个独立步骤，运动员会集中精力逐一磨练，随后再将这些碎片化技能整合，形成完整的战术执行能力。通过逐级递增的训练方式，运动员能够逐步掌握整体战术的精髓，确保技术动作的准确和流畅。

需要注意的是，虽然分解训练法有其独特的优势，但也不能忽视其局限性。在分解训练过程中，要注意保持各环节之间的连贯性和协调性，以确保在实际比赛中能够流畅地运用所学技术或战术。同时，也要根据运动员的实际情况和训练需求，灵活调整训练方法和进度，以达到最佳的训练效果。

（二）重复训练法

重复性训练法作为篮球训练中的核心组成部分，强调在保持动作结构和外在负荷恒定的条件下，按照既定标准重复执行某一练习，确保运动员在每一次练习之间得到充分恢复，以求在特定能力上获得显著提升，特别是在速度素质的提升和动作技能的稳固上。该方法由四个核心要素组成：练习次数（组数）、单次练习的持续时长或距离、练习的强度，以及两次练习之间的恢复时间。根据休息间隔的不同，重复性训练可细分为单元重复、连续重复和间歇重复，分别适应于技能初学、技能巩固以及提高运动耐力等不同训练需求。特别是，在模拟竞赛强度下，通过延长单次练习时间和适当增加负荷，可以有效提升运动员的糖酵解供能效率，增强速度耐力和力量耐力。

（三）持续训练法

持续训练法是竞技篮球运动训练中一种常用的方法，主要用于增强某一技术动作的稳定性，强化和巩固技术动作定型，使技术动作熟练协调。这种方法的特点在于训练负荷强度较低，但训练时间较长，且需要无间断地连续进行练习。

在篮球训练中，持续训练法主要应用于那些需要反复练习以加深理解和熟练掌握的技术动作，如投篮、运球等。通过持续、稳定的训练，运动员可以逐渐掌握这些技术动作的细节和要领，形成正确的技术定型。同时，由于持续训练法的训练时间较长，因此也有助于提高运动员的耐力和体能水平。

在实施持续训练法时，教练员需要注意以下几点。

（1）根据运动员的实际情况和训练目标，制订合适的训练计划，确保训练负荷和强度适中。

（2）在训练过程中，不断纠正运动员的错误动作，帮助他们建立正确的技术定型。

（3）注意观察运动员的身体状况和反应，及时调整训练计划，避免过度训练导致运动员受伤或过度疲劳。

（四）循环训练法

循环训练法为篮球训练带来了一种创新组织方式，它将多样化的练习项目安排成一系列练习站，运动员按照预设的序列和路径，逐一完成每个站点的练习任务。这种方法不仅能够提升不同水平运动员的训练兴趣和投入度，而且通过合理布局，在增加训练密度的同时避免过度疲劳，确保全面而均衡的发展。在篮球循环训练中，根据运动员的具体需求调整每个站点的内容、强度以及休息间隔，可以实现个性化训练目标，优化训练效果。循环训练不仅全面锻炼了运动员的综合技能，还通过不同练习内容的循环往复，强化了技术、体能与战术的全面融合，为提高团队整体实力提供了科学而系统的路径。

循环训练法可以根据不同的训练目的和运动员的个性特点进行灵活设计。例如，可以设计以技术训练为主的循环训练，通过多次重复特定技术动作，帮助运动员掌握和巩固技术要领；也可以设计以体能训练为主的循环训练，通过不同站点的组合和安排，全面提高运动员的体能水平。

同时，循环训练法还可以与其他训练方法结合，形成综合训练方案。例如，可以与间歇训练法结合，通过控制间歇时间和强度，提高运动员的恢复能力和无氧代谢能力；也可以与重复训练法结合，通过多次重复特定练习，加深运动员对技术动作的理解和掌握。

第四节　竞技篮球运动训练的质量监控

竞技篮球运动训练的质量监控是确保训练效果和提升运动员竞技水平的重要环节。竞技篮球运动训练的质量监控需要制定一系列的质量监督程序，以帮助教练及时了解运动员的训练情况和训练效果，为提升运动员的竞技水平提供有力的保障。

一、制订明确的训练目标和计划

在进行质量监控之前，首先需要制订明确的训练目标和计划，包括确定训练的具体目标、训练内容、训练方法和手段、训练时间等。训练目标和计划应该根据运动员的实际情况和训练需求来制订，并且要具有可操作性和可衡量性。

二、建立科学的评估体系

为了对训练效果进行评估,需要建立科学的评估体系。评估体系应该包括多个方面的指标,如体能指标、技术指标、战术指标、心理指标等。这些指标应该根据训练目标和计划来制定,并且要有明确的评估标准和评估方法。

三、定期进行评估和反馈

在训练过程中,需要定期进行评估和反馈。评估可以通过观察、测试、问卷调查等方式进行,以了解运动员的训练情况和训练效果。反馈则是将评估结果及时告诉运动员和教练员,以便他们根据反馈结果及时调整训练计划和训练方法。

四、监督训练过程

质量监控还需要对训练过程进行监督。监督包括对训练的组织、实施、管理等方面的监督,以确保训练过程的科学性、规范性和有效性。同时,还需要对运动员的训练态度、训练质量等方面进行监督,以激发运动员的训练积极性和主动性。

五、建立档案管理制度

为了更好地进行质量监控,需要建立档案管理制度。档案管理制度包括记录运动员的训练情况、评估结果、反馈意见等信息，并且要对这些信息进行分类、整理、分析和保存。这些档案可以为后续的训练和比赛提供重要的参考和依据。

第五节　高水平竞技篮球运动员体能与技能训练指导

一、高水平竞技篮球运动员的体能训练

高水平竞技篮球运动员的体能训练是极其重要的，它是一个全面而系统的过程，对运动员在比赛中的表现起着至关重要的作用。良好的体能状态是运动员在比赛中稳定发挥的前提。通过科学、合理的训练安排和方法选择，可以有效提升运动员的体能水平。

（一）耐力训练

篮球比赛要求运动员在场上持续移动、跳跃和防守，因此具备良好的有氧耐力至关重要。通过长跑、游泳、跳绳等有氧运动，可以有效提高运动员的心肺功能和耐力水平。

1.速度耐力训练
（1）200或400米全速跑，每组间歇1.5~2分钟。
（2）1500米变速跑，直道时全速跑，弯道时慢跑。

（3）30米冲刺：10次，间歇15~20秒。

（4）60米冲刺：10次，间歇30秒。

（5）3000米、5000米等长距离定时跑或越野跑。

2.弹跳耐力训练

（1）用绝对弹跳80%的高度连续跳20~30次，重复练习，组间休息2~3分钟。

（2）连续跳绳5分钟练习。

（3）连续原地或助跑单手摸高，连续助跑起跳摸篮板。

（4）双脚连续跳8~10个高栏架。

（5）原地或沙地连续直膝跳、蹲腿跳、跳起抱膝。

3.移动耐力训练

（1）看手势向各个方向移动，1组2~3分钟。

（2）单人全场防守滑步。

（3）30秒3米左右移动，5~8组。

（4）全场、半场篮球赛，或小场地足球赛，要求人盯人防守。

（二）力量训练

力量训练有助于提升运动员的速度、爆发力和身体对抗能力。通过杠铃训练、自重训练（如俯卧撑、深蹲等）以及弹力训练等方式，可以增强全身肌肉的力量和稳定性。

1.上肢力量训练

（1）负重推举练习。

（2）卧推练习。

（3）负重伸屈臂练习。

（4）两人一组，一人侧平举，另一人用力压手腕对抗练习。

2.腰腹力量训练

（1）单、双脚连续左右跳过一定高度的练习。

（2）仰卧举腿，仰卧折体，仰卧挺身。

（3）跳起空中收腹、手打脚、转身、空中传球或空中变化动作上篮等。

（4）利用杠铃负重转体、挺身。

3.下肢力量训练

（1）徒手单腿深蹲起练习。

（2）徒手半蹲或背靠墙半蹲练习。

（3）负重提踵练习。

（4）深蹲跳练习。

（5）两人一组，利用人的体重进行负重半蹲起练习。

4.爆发力训练

（1）连续快速跳起摸高练习。

（2）全场连续蛙跳练习。

（3）中场三级跳上篮练习。

（4）全场连续多级跳练习。

（5）负重投篮练习。

（三）速度训练

速度是篮球运动员的核心能力之一。通过冲刺训练、变向跑、反应跑等练习，可以提高运动员的移动速度和反应速度。

1.基本步法训练

（1）小步跑练习

双膝稍屈，身体呈一条直线，提踵。跑动时，前脚掌着地，尽可能蹬伸。着地时注意用前脚掌，而不是整个脚底。当右脚蹬离地面时，左脚要划过地面。

(2)高抬腿跑练习

高抬腿跑时,要求脚前掌落地,抬膝时保持身体伸展。当一条腿伸直时,另一条腿的大腿要与地面保持平行。当膝盖抬到最高点时(大腿与地面平行),脚踝向后勾,脚置于膝盖的下方。

2.起动跑训练

(1)原地或移动中根据信号突然起动快跑。

(2)起跳落地,立即起动侧身加速快跑。

(3)不同距离折返跑练习。

(4)用各种姿势起动,全速跑10~30米。

(5)5米折回抢滑步练习。

(6)四步加速跑练习。

3.篮球移动中各种跑的训练

(1)快速跑变中场后退跑练习。

(2)各种折线跑与抢滑步练习。

(3)折线起动侧身变方向跑练习。

(4)沿3分线急停、起动、侧身跑练习。

(5)沿边线侧身快速跑练习。

4.结合球进行各种跑的练习

(1)单手全场直线快速运球上篮。

(2)全场传3次球然后上篮的各种方式跑练习。

(3)直线或折线自抛自接球快速跑练习。

(4)全场传球快速起动跑练习。

(5)全场3人"8字"传球快速跑。

(6)加速快跑接长传球、地滚球上篮练习。

（四）柔韧训练

（1）两腿前后开立，两脚跟触地做弓箭步向下压腿。

（2）两臂做不对称大绕环转肩动作，在背后一手从上往下，另一手从下往上，两手在背后做拉伸练习。

（3）在地板上做"跨栏步"拉压腿、胯。

（4）两手手指交叉相握，手心向外做压指和压腕动作，向下、前、上、两侧充分伸展手臂。

（5）两腿交叉直立，上体前屈手摸脚或地面。

（6）左右弓箭步练习，手放在脚上，连续左、右弓箭步练习。

（7）利用器材或队员相互间做压肩、拉肩、转肩背和各种压腿及全身伸展练习。

（五）灵敏性和协调性

灵敏性和协调性是篮球运动员在场上快速做出反应和准确执行动作的关键。通过脚步训练、反应游戏、协调性练习等方式，可以提高运动员的灵敏性和协调性。

1.反应判断能力训练

（1）按口令做相应、相反动作。

（2）原地、行进间或跑步中听口令做动作。

（3）听信号或看手势急跑、急停、转身、变向练习。

（4）听信号的各种姿势起跑，如站立式、背向姿势、蹲姿、坐姿、俯卧撑姿势等。

（5）一对一脚跳动猜拳、手猜拳、打手心手背、摸五官等练习。

（6）一对一互看对方背后号码。

（7）一对一追逐模仿练习。

（8）跳绳练习。

（9）叫号追人、抢占空位、追逃游戏、打野鸭、抢断篮球等各种游戏练习。

2.协调能力训练

（1）模仿动作练习。

（2）简单动作组合练习。

（3）徒手操练习。

（4）做不习惯方向的动作。

（5）跳起体前屈摸脚练习。

（6）做小腿里盘外拐的练习。

（7）一对一背向互挽臂蹲跳进、跳转。

（8）双人头上拉手向同方向连续转练习。

（9）脚步移动练习。例如，前后、左右、交叉的快速移动；单脚为轴前后、转体的移动；左右侧滑步、跨跳步的移动。

（10）改变动作的连接方式。

（11）练习"二踢脚""旋风脚"等武术动作。

（12）双人跳绳练习。

需要注意的是，在进行体能训练期间要加强营养补充。体能训练后，运动员需要充分恢复和补充营养，以缓解肌肉疲劳和促进身体恢复。合理安排休息和睡眠时间，同时补充适量的蛋白质、碳水化合物等营养物质，有助于运动员更好地恢复体力。

二、高水平竞技篮球运动员的技能训练指导

（一）持球突破技术训练方法

1.有防守的持球突破

如图4-1所示，④向⑤传球，⑤向圆顶斜插同时接球突破，⑧做好退防准备。④给⑤传球后移动到原来⑤所在位置的队尾，依次反复练习。⑤进

攻后移动到⑦的队尾，⑧完成防守任务后移动到⑥的队尾，注意传球到位，主动接球，降低重心进行突破，保护好球。

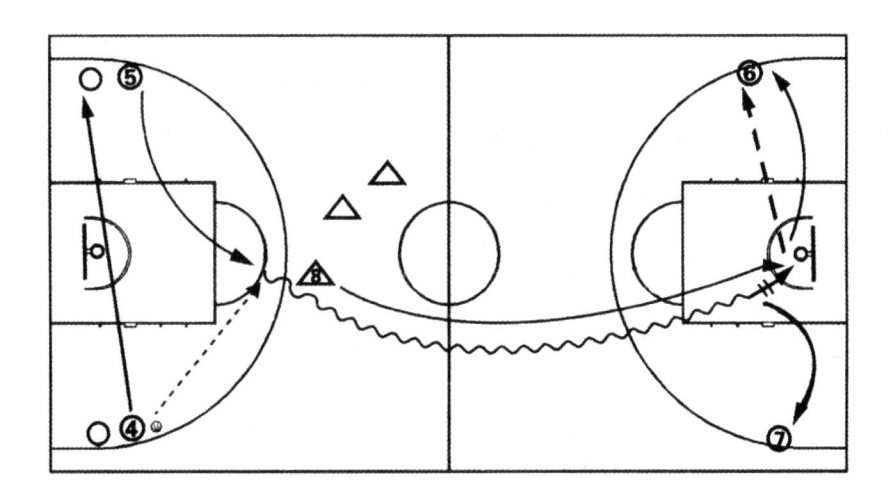

图4-1 有防守的持球突破

2.移动接球跨步急停后撤步接后转身突破

如图4-2所示，⊗给①传球，①移动接球，篮下跨步急停。"❶"对①进行防守并伺机抢球，①转身突破上篮，外线队员以此方法进行练习。

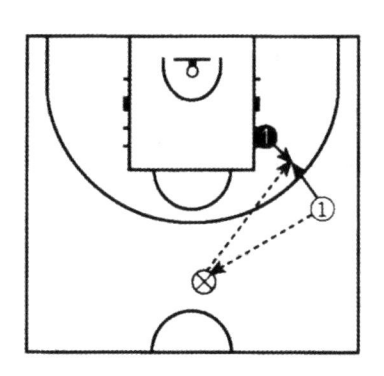

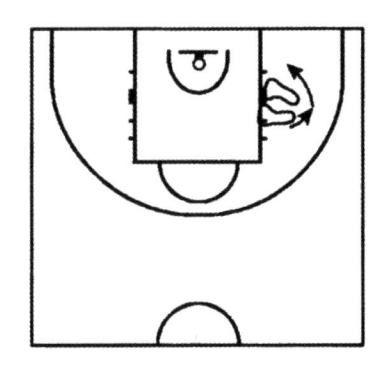

图4-2 移动接球跨步急停后撤步接后转身突破

3.移动中背对篮接球后撤步转身突破

如图4-3所示，内线队员在内中锋位置各持一球。①给⊗传球，⊗再回传，①传球后迅速上插至外中锋位置，背对篮接球，然后向后撤步转身突破上篮。

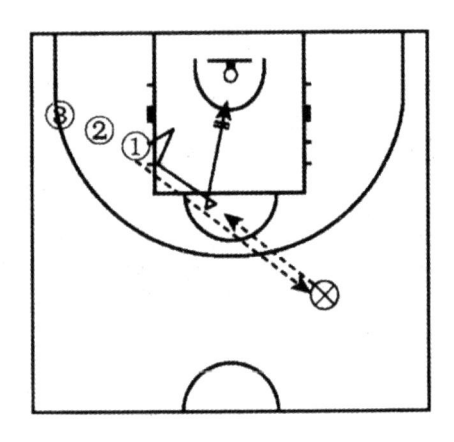

图4-3　移动中背对篮接球后撤步转身突破

4.背对篮后撤步转身运球突破

①持球，与篮球架背对，向后撤步，转身，以同侧手运球突破上篮（图4-4）。

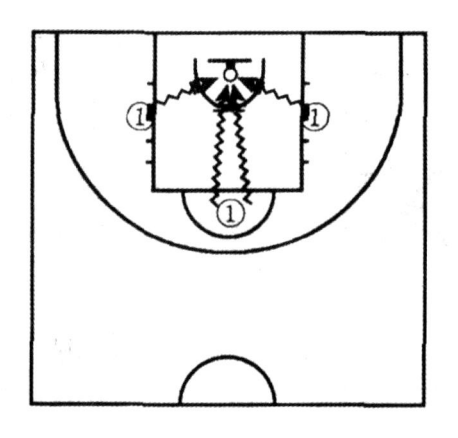

图4-4　背对篮后撤步转身运动突破

5.突破补防练习

防守方❶、❷、❸呈三角队形站立，❶与其他两名防守者之间的距离相同，约2.5米，❷、❸的间距较小，约2米。①给⊗传球，⊗再回传，①接回传球突破防守，与其他两名队员补防上篮，然后抢篮板球。进攻方与防守方交替，反复练习（图4-5）。

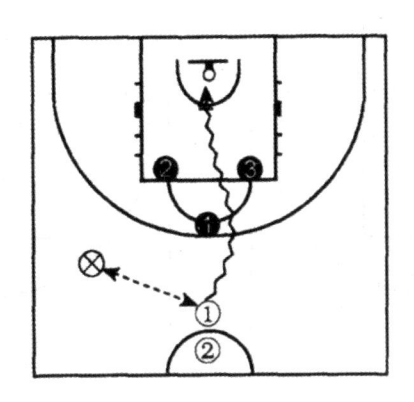

图4-5 突破补防练习

按上述训练方法可在右侧和左侧分别进行练习，如图4-6、图4-7所示。

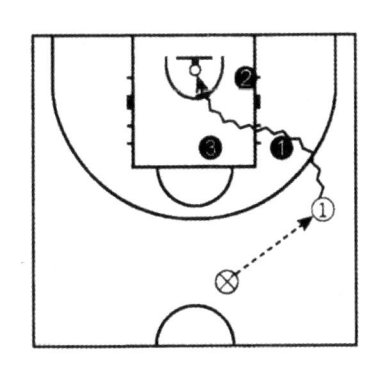

图4-6 右侧突破补防　　　　　　　　图4-7 左侧突破补防

（二）投篮技术训练方法

1.两点移动投篮

如图4-8、图4-9所示，两名球员共用1球进行练习，分别担任传球者和投篮者的角色，投篮时以中、远距离为主，练习一定次数后，传球者与投篮者互换角色继续练习。

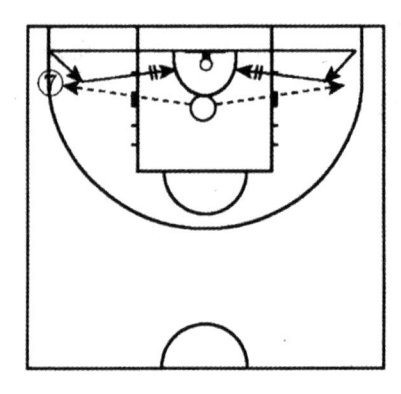

图4-8 两点移动投篮一　　　　图4-9 两点移动投篮二

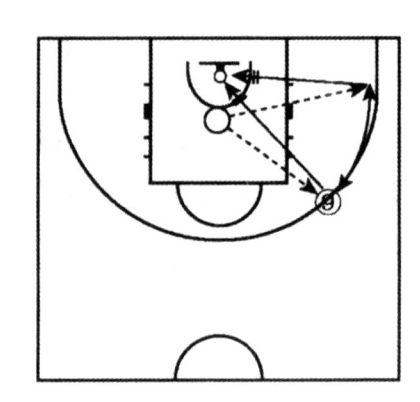

2.底线连续移动投篮

如图4-10所示，4人共用2球进行练习，投篮、捡球各1名，传球2名。②给①传球，①在底线接球投篮，然后快速向另一侧底线移动，接③传来的球后积极投篮。经过一定次数的练习后，角色互换反复练习。

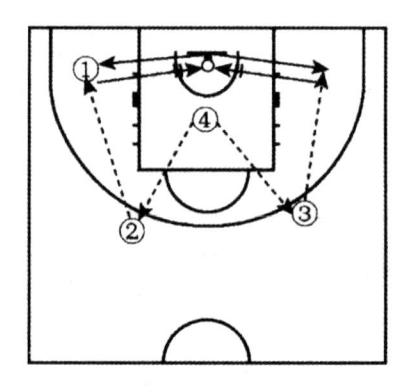

图4-10 底线连续移动投篮

3.全场推进后投篮

将练习者分成两组,全场以中轴为界,两组各占用一边场地同时进行练习。两组排头直线传球推进,到弧顶附近中投。为增加练习密度,下一组可在上一组过中线时开始推进(图4-11)。

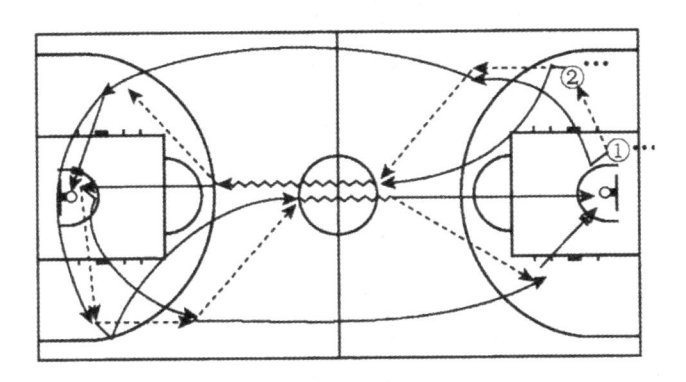

图4-11 全场推进后投篮

(三)抢篮板球技术训练方法

1.一对一练习

两人一组进行练习,一人进攻一人防守。⊗投篮后,进攻方①从防守方身后绕过冲抢篮板球,防守方试图对进攻方进行阻挡并抢篮板球。攻守双方交换角色继续练习(图4-12)。

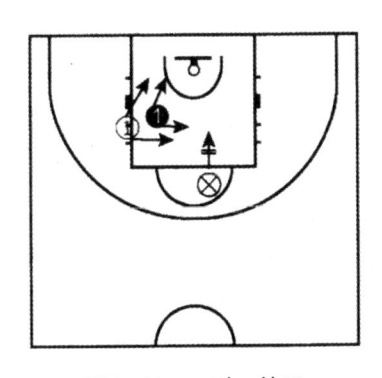

图4-12 一对一练习

2.二对二练习

二对二进行抢攻、守篮板球练习参考图4-13。

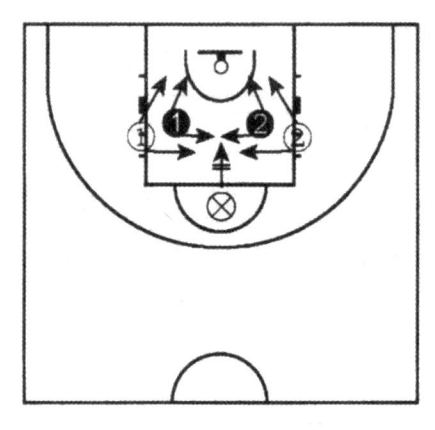

图4-13　二对二练习

3.三对三练习

三对三抢攻、守篮板球练习参考图4-14。

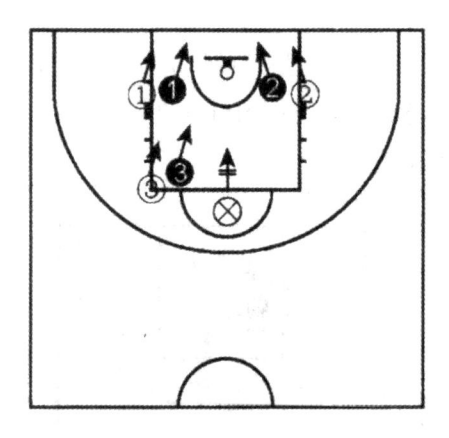

图4-14　三对三练习

（四）防守技术训练方法

1. 防有球队员

（1）全场一对一防运球练习

两人一组，从端线开始，一人负责运球，另一人重点在于防守，二人到另一端线后，交换位置练习，直到返回原端线，反复进行（图4-15）。

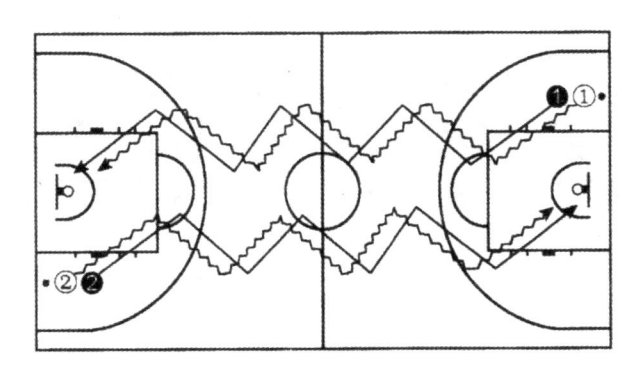

图4-15　全场一对一防运球练习

（2）全场徒手一对一攻防练习

两人一组，一人负责进攻，另一人防守。开始训练时，两人从场地一侧端线开始向另一端线行进，返程时，两人交换角色，并从另一侧继续练习。第一组到达中线时，第二组开始练习，方法相同，直至所有人都完成练习（图4-16）。

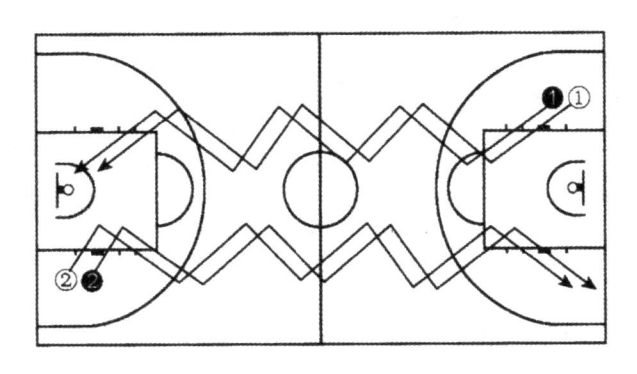

图4-16　全场徒手一对一攻防练习

2.防无球队员

（1）全场一对一防摆脱接球的练习

两人一组，一攻一守，从端线处开始。进攻者①传球给$\otimes_1$，$\otimes_1$给①回传球，①徒手摆脱❶的防守并接回传球。❶尽可能阻止①接球，并防止其突然加速反跑空切（图4-17）。

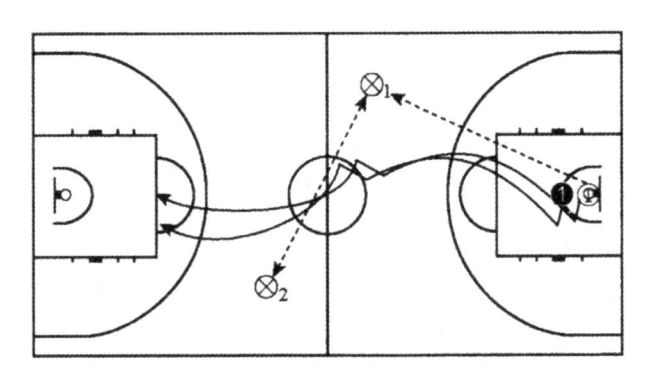

图4-17　全场一对一防摆脱接球的练习一

当$\otimes_1$传球给$\otimes_2$时，防守者❶立即对防守位置进行调整，始终在有利的防守位置上进行有效防守，如图4-18所示。

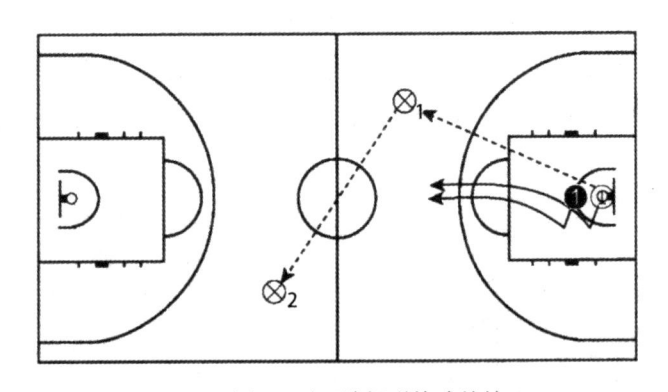

图4-18　全场一对一防摆脱接球的练习二

（2）二对二防掩护的练习

4人一组参加练习，2攻2守，完成以下不同位置的掩护练习。

第一，防后卫与前锋位置上的掩护（图4-19）。

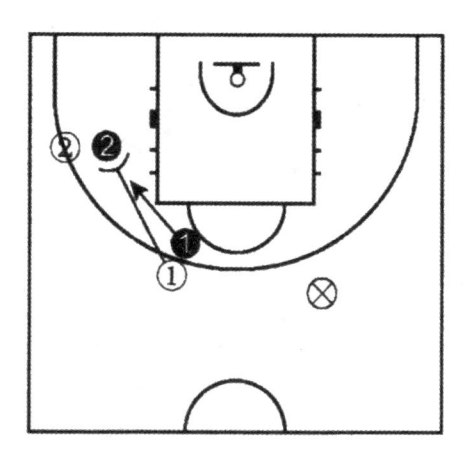

图4-19　二对二防掩护练习一

第二，防两侧内中锋之间的掩护（图4-20）。

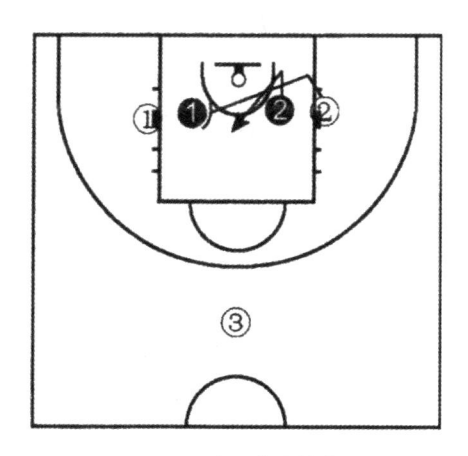

图4-20　二对二防掩护练习二

第三，防两后卫位置上的掩护（图4-21）。

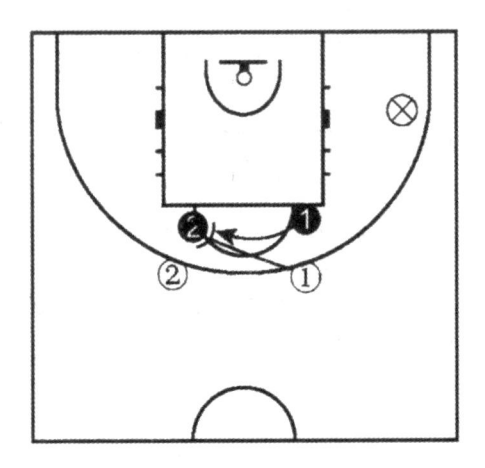

图4-21 二对二防掩护练习三

第四，防内中锋与后卫的掩护（图4-22）。

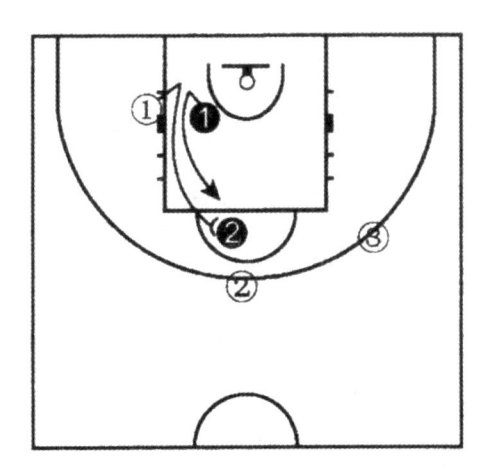

图4-22 二对二防掩护练习四

经过一定次数的练习后，攻守双方互换角色继续练习。

第六节　现代竞技篮球高质量发展的路径

现代竞技篮球高质量的发展须从多方面展开，本节主要探索推动现代竞技篮球高质量发展的主要路径。

一、完善青少年篮球训练体系

重视青少年篮球运动员的培养，建立完善的选材、训练和竞赛体系。通过科学、系统的训练方法，提高青少年的篮球技能和体能水平，为未来的竞技篮球奠定坚实的人才基础。制订科学、系统的训练计划，训练内容包括身体素质、技术、战术意识等多个方面，以提高球员的综合素质。

二、引进国际先进技术和训练方法

积极引进国际先进的篮球技术和训练方法，与篮球强国进行交流和合作。通过学习和借鉴国际先进经验，提高我国篮球运动员的技术水平和竞技能力。与国际先进体育机构合作，学习国外成功经验，加强国际交流，提高球队在国际赛场上的竞争力。

三、注重体能训练和心理训练

体能训练是篮球训练的基础，良好的心理素质是运动员在比赛中稳定发挥的保障。加强体能训练和心理训练，提高运动员的身体素质和心理素质，能够使运动员为应对比赛中的高强度对抗和压力做好准备。

四、加强教练团队建设和培训

教练团队是运动员训练和比赛的重要指导者。加强教练团队的建设和培训，提高教练的专业水平和执教能力，能够为运动员的训练和比赛提供更好的指导和支持。

五、推动篮球产业和文化建设

推动篮球产业和文化的发展，吸引社会对篮球的关注和投入。通过举办各类篮球赛事和活动，提高篮球的知名度和影响力，为竞技篮球的发展创造更好的环境和氛围。建立球队文化，增强球队的凝聚力，形成共同的价值观和信念。

六、完善竞赛体系和选拔机制

建立完善的竞赛体系和选拔机制，为运动员提供更多的比赛机会和展示平台。通过公正的选拔和竞争，发现和培养优秀的篮球运动员，为竞技篮球的发展注入新的活力。完善联赛和锦标赛体系，提高比赛的激烈程度，为球队提供更多发展机会。

七、数据分析与科技应用

运用先进的数据分析和科技手段，可以促进竞技篮球各个方面的高质量发展。

首先，数据分析可以帮助教练和球队制订更有效的训练计划。通过收集和分析比赛数据，可以了解球员的技术特点、强项和弱点，有针对性地制订训练计划，提高球员的技术水平和竞技能力。同时，数据分析还可以揭示比赛的规律和趋势，帮助教练进行更科学的战术布置，提高球队的整体竞争力。

其次，科技手段可以提供更精确和全面的数据采集和分析方式。例如，运动传感器可以实时监测球员的运动轨迹、速度和力量等指标，为数据分析提供更准确的基础。同时，科技手段还可以通过视频分析、虚拟现实等技术，为教练和球员提供更直观、立体的训练和比赛场景，提高训练的真实性和效果。

最后，数据分析和科技手段还可以在球迷互动和媒体传播方面发挥作用。通过将比赛数据实时传输到电视、网络和移动终端等平台，球迷可以更全面地了解比赛情况，提高观赛体验。同时，数据分析和科技手段还可以为媒体提供更多的报道内容，丰富篮球赛事的传播形式。

总之，运用先进的数据分析和科技手段，可以提高竞技篮球的训练和比赛水平，促进其高质量发展。这不仅有助于球员和球队的成长，也能提升球迷的参与度和观赛体验，全面推动篮球运动的普及和发展。

第五章　现代篮球运动竞赛的理论分析与优化发展

现代篮球运动发展较为成熟，推动我国篮球运动的高质量发展，应逐渐加强对篮球竞赛理论体系的研究和整理。本章将重点分析篮球竞赛领域的发展情况，介绍高水平欧美篮球职业篮球联赛，提出CBA联赛、青少年篮球竞赛的发展策略等。

第一节　篮球竞赛规则变化对篮球运动的影响

由于篮球技术、战术的不断发展，以及运动员身体素质和技能水平的快速提升，为了适应这些变化，篮球规则也在不断被修改和优化，同时，规则的变化反过来又会影响篮球运动的发展。本节针对篮球竞赛规则变化对篮球运动的影响进行分析。

一、篮球竞赛规则变化的主要特点

（一）规则变化与技术发展相辅相成

随着篮球技术的不断创新和进步，规则也在不断被调整和完善，以适应新的技术发展趋势。例如，当球员的运球和投篮技术发展到新的水平时，规则会对相关动作进行明确和规范，以确保比赛的公平性和竞技性。

（二）强调比赛的公平性和安全性

为了保护运动员的身体健康和权益，规则对犯规行为和危险动作进行了严格的限制和处罚。同时，规则还致力于减少争议和误判，通过明确判定标准和加强裁判培训，提高比赛的公正性和准确性。

（三）具有时代性和创新性

随着篮球运动在全球范围内的普及和发展，规则也在不断地适应新的时代需求和市场环境。例如，为了适应商业化需求和提高比赛的观赏性，规则可能会引入新的赛制、奖励机制或调整比赛时间等，以吸引更多的观众和赞助商。

（四）注重全球统一性和标准化

国际篮球组织会根据全球篮球运动的发展趋势和各国篮球运动的实际情况，对规则进行统一修改，以促进篮球运动的全球化发展。这种统一性和标准化有助于减少各国之间的比赛差异，提高比赛的公平性和竞技水平。

（五）关注运动员和观众的需求

规则会根据运动员的身体素质、技能水平和战术需求进行相应的调整，以激发运动员的创造力和竞技潜能。同时，规则也会考虑观众的观赏体验，通过调整比赛节奏、增加悬念元素等方式，提高比赛的观赏性和吸引力。

二、篮球竞赛规则的重要演变

篮球竞赛规则包含多项内容，其内容结构如表5-1所示。下面主要分析篮球竞赛规则中空间规则、时间规则、违例规则和犯规规则的重要演变。

表5-1 篮球规则的结构分类[1]

类别	说明	举例
空间规则	篮球比赛中和度量单位有关的规则	场地大小、篮筐高度和线的规定
时间规则	篮球比赛中和时间单位有关的规则	3秒、8秒和24秒的规定等
违例规则	篮球比赛中限制教练员或运动员不良行为的违例规则	脚踢球、球回后场和带球走等
犯规规则	篮球比赛中参赛队员对规则的违反	侵人犯规、技术犯规和违反体育运动精神犯规等
权利和义务	篮球竞赛中参赛双方及比赛组织者规定的相关权利和义务	裁判员、教练员、队长等的职责和权利

---

[1] 尚仲辉.篮球竞赛规则的演变对篮球技战术和篮球文化影响研究[D].西安：西安体育学院，2022：23.

（一）空间规则的重要演变

首先，罚球区和限制区的出现和扩大是篮球空间规则方面的重要演变。在篮球运动发展的初期阶段，比赛场上并没有罚球区和限制区。然而，随着篮球运动的发展，为了限制内线队员在篮下的活动，使篮球比赛的进攻形式更加多样，罚球区和限制区逐渐出现并扩大。这些区域的增加直接影响了内线队员的活动范围，促使他们的运动能力和技术向更全面的方向发展。

其次，三分投篮区的增加是另一个重要变化。1984年，国际篮联在规则中新增了三分投篮区域。这一改变的目的在于鼓励外线队员参与进攻投篮，防止比赛中的对抗活动过于集中于篮下。三分区的设置不仅促进了多变防守和混合防守战术的发展，还使篮球运动不再仅仅是"巨人"的运动，使更多人可以参与其中并享受篮球带来的乐趣。

空间规则的改变对篮球运动产生了深远的影响。它们使篮球比赛更具观赏性和竞技性，同时也促进了篮球竞技战术的全面发展。运动员需要适应新的比赛环境、培养更加全面的技能，以应对各种挑战。

（二）时间规则的重要演变

在篮球运动发展的早期阶段，比赛时间的设置相对简单，主要根据比赛阶段进行划分，如上下半场或四节比赛，每节的时长也根据发展时期的不同而有所调整。然而，随着篮球运动的发展和竞技性的提升，对比赛时间的控制和管理变得更加精确和严格。

随着篮球比赛商业化程度的提高，观众对比赛观赏性和竞技性的需求也日益增加。因此，有关部门对比赛时间规则不断进行调整，以适应这些需求。例如，通过缩短每节比赛的时长、增加暂停次数和时长等方式，使比赛节奏更加紧凑，以增加悬念和观赏性。

篮球时间规则的变化还体现了对运动员的关怀和保护。例如，在犯规和违例的情况下，规则明确规定计时钟的暂停或回表，以确保比赛的公平性和保护运动员的权益。同时，为了保障运动员的身体健康，规则还规定了在特定情况下（如球员受伤）可以暂停比赛，以便进行必要的医疗处理。

总之，随着篮球运动的全球化和国际化发展，时间规则也逐渐趋于统一和标准化。

（三）违例规则的重要演变

1.规则对于违例行为的定义和分类更加细致和明确

随着篮球技术和战术的发展，新的违例行为不断出现，规则需要不断更新以适应这些变化。例如，对走步、回场、脚踢球等违例行为的判定标准进行了更加明确的规范，以确保比赛的公平性和公正性。

2.规则对于违例行为的处罚力度也有所加大

在过去，某些违例行为可能只会受到警告或轻微的处罚。但现在，这些行为往往会面临更为严厉的处罚，如罚球或球权转换等。这种改变有助于减少比赛中的犯规现象，提高比赛的竞技性。

（四）犯规规则的重要演变

早期的篮球规则对于犯规的判定相对简单，主要侧重于保护球员的身体安全和保证比赛的顺利进行。然而，随着篮球运动的发展和技术水平的提升，犯规规则逐渐变得更加细致和严格。技术犯规的引入是犯规规则演变中的一个重要里程碑。这一规则旨在规范球员和教练员的行为，防止他们使用不当手段干扰比赛。技术犯规的处罚力度通常较大，一旦被判罚，球员或教练员可能会面临罚球、驱逐出场等严重后果。

随着篮球战术的多样化，犯规规则也逐渐对防守动作进行了更加明确和严格的规范。例如，对"过分挥肘"等危险动作的判罚方法进行了修改，以减少比赛中的伤害风险。同时，规则还明确了快攻中防守队员的犯规概念，以确保比赛的公平性和连贯性。

除了具体规则的变化外，犯规规则的演变还体现了对比赛观赏性和竞技性的均衡考虑。通过明确投篮前后犯规的罚则等方式，规则试图减少比赛中的中断和冲突，使比赛更加流畅和激烈。

总的来说，犯规规则的演变也反映了对于篮球运动公平性和文明性的追求，体现了篮球运动的发展和进步，同时也反映了对于球员安全、比赛公平性和观赏性的综合考虑。通过不断修订和完善规则，篮球运动逐渐向着更加文明、健康的方向发展，为球员和观众提供了更好的比赛体验，这些演变不仅提高了比赛的竞技水平，也促进了篮球运动的普及和发展。

三、篮球竞赛规则变化对篮球运动的影响

（一）空间规则变化对篮球技战术的影响

1.对进攻方的影响

罚球区和限制区的扩大以及三分投篮区的引入使球员必须调整他们的进攻策略。在更广阔的活动空间里，球员需要更好地掌握移动和配合的节奏，以便在有限的时间内创造出有效的进攻机会。限制区的扩大要求内线球员拥有更全面的技术，包括篮下得分、防守和篮板球等，同时也鼓励了外线球员的投射和突破，使进攻方式更加多样化。

2.对防守方的影响

空间规则的变化同样带来了挑战和机遇。防守球员需要更加灵活地调整自己的防守位置，以应对不同位置和距离的进攻。三分投篮区的出现使得外线防守变得尤为重要，防守球员需要更加专注于外线投射的防守，同时也不能忽视对内线球员的盯防。

3.空间规则变化促进战术的创新

球队需要根据规则的变化调整自己的战术布置，以适应新的比赛环境。例如，球队可能更加注重外线投射和快攻战术的运用，以利用三分投篮区的优势。同时，球队也需要更加注重内外线的配合和衔接，以确保在进攻和防守两端都能取得优势。

（二）时间规则变化对篮球技战术的影响

1.提升进攻的节奏与速度

24秒规则的实施限制了球队的进攻时间，使球队必须更加注重进攻的效率和节奏。球队需要在有限的时间内快速组织起有效的进攻，并尽可能减少失误和违例。这就要求球员拥有更快的反应能力和更精准的技术执行能力，以适应高强度的进攻节奏。

对于防守方来说，时间规则的变化同样带来了挑战和机遇。防守球员需要更加紧密地盯防对手，防止对方在有限的时间内完成有效的进攻。同时，他们还需要具备出色的抢断和封盖能力，以打断对方的进攻节奏。此外，球队也需要更加注重防守的连贯性和整体性，通过团队协作来限制对方得分。

2.促进了进攻战术的多样化

为了适应24秒规则，球队开始采用更加快速和灵活的进攻方式，如快攻、跑轰等。这些战术强调球员之间的配合和快速移动，以在有限的时间内创造出得分机会。同时，球员也需要具备出色的体能素质，以应对连续的高强度进攻。

3.提升了比赛的整体节奏感和观赏性

由于进攻时间的限制，比赛变得更加紧凑和快速，球员的动作和配合也变得更加迅速和准确，使比赛更具观赏性和吸引力，提高了观众的参与度和体验感。

（三）违例规则变化对篮球技战术的影响

1.技术要更加精细和准确

对于进攻方来说，违例规则的变化要求球员更加精细地掌握技术动作，以避免在进攻过程中出现违例行为。例如，走步、回场等违例行为的判定标准更加明确，球员需要更加注意自己的脚步移动和持球方式，以确保进攻的流畅性和合规性。这促使球员在日常训练中加强对技术细节的把控，提高进攻效率。

对于防守方来说，防守球员需要更加精准地判断对手的进攻意图和动作，以便及时采取合理的防守措施。同时，他们也需要注意自己的防守动作和位置，避免因为过度防守而导致违例行为的发生。这就要求防守球员具备更高超的防守技巧和判断力，以在比赛中保持优势。

2.调整战术

球队需要根据新的违例规则调整进攻战术，以充分利用场上空间和发挥球员的技术优势。例如，针对走步违例的严格判罚，球队可能会减少持球突破的次数，而更多地采用外线投射和团队配合进攻。这种战术调整要求球员掌握更加多样化的进攻手段，以适应不同的比赛场景。

3.促进篮球技战术的创新

球员和教练需要不断探索新的进攻和防守方式，以适应新的规则要求。这种创新过程推动了篮球技战术的不断进步和完善，使比赛更加精彩和具有挑战性。比如，在规则调整之前，有些防守队员会预先在限制区内，尤其是靠近篮筐的合理冲撞区外侧占据防守位置。面对这样的布局，那些试图冲击篮筐的运动员由于空间和时间的限制，往往无法及时躲避，极易因为带球撞人而被判犯规。然而，规则变更后，运动员在接球后获得了额外的一步空间来进行调整。这使一些身手敏捷的运动员能够利用这一机会有效地避开那些已经站在防守位置的对手，避免发生带球撞人的情况。根据现行的篮球规则，运动员在合理冲撞区内被鼓励进行积极的身体对抗，而该区域内发生的激烈身体接触通常不会被视为犯规。由于限制区外的空间相对宽敞，进攻运动员在移动接球或运球时有更大的调整空间。

（四）犯规规则变化对篮球技战术的影响

1.对个人技术和防守策略的影响

例如，对非法身体接触和手部动作的严格限制，要求球员在防守时更加注重技巧而非粗暴地对抗。这促使球员提高防守的预判能力和反应速度，同时也鼓励了他们更加积极地采取进攻战术，因为对手在防守时会有所顾忌。

2.对球队战术布置和配合的影响

为了减少犯规次数，球队需要更加注重团队配合和整体防守。例如，通过更加合理的轮转换位和协防来减少单一球员的防守压力，降低犯规风险。同时，球队也需要根据对手的特点和战术灵活调整自己的防守策略，以应对不同的进攻方式。

3.促进篮球技战术的创新

球员和教练们需要不断探索新的防守方式和进攻手段，以适应新的规则要求。这种创新过程推动了篮球技战术的不断进步和完善，使比赛更加精彩和具有挑战性。

4.提高了比赛的公平性和安全性

通过严格限制非法身体接触和恶意犯规，规则保护了球员的身体健康，维护了比赛秩序，有助于营造一个更加公正、安全的比赛环境，促进篮球运动的健康发展。

第二节 高水平的欧美职业篮球联赛

目前，领先世界篮球运动水平的国家主要集中在欧美，其中最知名的职业篮球联赛分别为美国的NBA和欧洲篮球联赛。这两个联赛在篮球界享有极高的声誉，它们不仅为球员提供了展示才华的舞台，也推动了篮球运动在全球范围内的普及和发展。同时，这些联赛还通过举办各种篮球活动和比赛，为篮球爱好者提供了更多的观摩和学习机会。每年以及每个赛季，这些比赛项目都会吸引全球众多球迷的关注，随着职业篮球联赛的不断成熟和发展，使篮球运动在竞技体育领域和休闲体育领域都获得了越来越显著的地位和影响力。

一、NBA

（一）NBA的发展背景

NBA是全球顶级篮球联赛之一，由北美30支职业球队组成，其球员和比赛在全球范围内都具有极高的影响力和关注度。NBA的比赛风格以高强度、高对抗性著称，球员的技术和体能都达到了顶级水平。同时，NBA也是商业化和市场化最成功的体育联盟之一，每年的季后赛和总决赛都能吸引数以亿计的观众观看。

NBA篮球职业联赛，全称美国职业篮球联赛（National Basketball Association，NBA），自1946年6月6日在纽约成立以来，现已成为全球最具影响力和商业价值的体育联盟之一。NBA由北美30支职业球队组成，分为东部联盟和西部联盟，每个联盟下又分三个赛区，每个赛区有五支球队，这样的分布确保了比赛的多样性和竞争性。

（二）NBA的独特魅力

NBA汇聚了全球最优秀的篮球运动员，他们的技术、战术和身体素质都达到了极高的水平。每年的NBA选秀都是篮球界的一大盛事，各支球队通过选秀来选拔和培养新一代的篮球新星。同时，NBA也是篮球巨星的摇篮，诸如迈克尔·乔丹、科比·布莱恩特、勒布朗·詹姆斯等篮球传奇都在NBA的赛场上留下过辉煌的足迹。

NBA的赛制严谨而富有挑战性。常规赛阶段，每支球队都要进行82场高强度的比赛，其中41场在主场，另外41场在客场，采用单循环制，即每支球队都要与其他球队交锋两次，一次主场，一次客场。这样的赛制保证了每支球队都有公平的机会去竞争和展示自己。

到了季后赛，比赛则进入白热化阶段。采用淘汰制的季后赛，每组系列赛都是七场四胜制，只有在系列赛中取得四场胜利的球队才能晋级下一轮，直至最终产生总冠军。这种赛制使比赛更具悬念和观赏性，每一场比赛都可能决定一支球队的"生死存亡"。

除了比赛本身，NBA也非常注重球员和球迷的互动。每年的全明星赛就是球迷最为期待的盛事之一，球迷可以通过投票选出自己心中的全明星球员，而全明星赛本身也是一场精彩绝伦的表演。

（三）NBA的品牌价值

NBA的品牌价值极为显著，这主要得益于其悠久的历史、技术进步、多样化的球员风格、巨大的商业价值以及丰富的球迷文化。

NBA作为全球最高水平的篮球联赛之一，其历史和技术进步都为其品牌价值打下了坚实的基础。随着篮球运动的发展和规则的完善，NBA的比赛变得越来越精彩和富有观赏性，吸引了全球大量观众。

在球员风格方面，NBA可以说汇集了全球最顶尖的篮球运动员，这些运动员不仅身怀绝技，而且技术多样、个性独特，每一支球队也都有自己独特的魅力。这种多样化的球员风格不仅增加了比赛的观赏性，也使NBA的品牌形象更加丰富多彩。

NBA的商业影响力也是非常惊人的，其商业模式、品牌价值和跨国合作都为NBA带来了巨大的商业收益。NBA不仅仅是一项体育竞技赛事，更是一个巨大的商业帝国，其财富创造能力非常强大。

此外，NBA的球迷文化也是其品牌价值的重要组成部分。独特的球迷文化、球场氛围和球迷互动为NBA比赛增添了许多亮点，也使NBA的品牌形象更加深入人心。

二、欧洲篮球联赛

（一）欧洲篮球联赛的发展背景

欧洲篮球联赛是世界第二大篮球职业竞赛，代表了欧洲篮球运动的最高水平，汇集了欧洲各国的顶级球队和球员。欧洲篮球联赛的比赛风格注重团队配合和战术运用，球员的技术和战术素养都非常高。同时，欧洲篮球联赛也在不断提升其商业化和国际化水平，以吸引越来越多篮球迷的关注。

欧洲篮球联赛由欧洲篮球协会组织和运营，参赛球队来自欧洲各国，包括西班牙、土耳其、俄罗斯、希腊和立陶宛等篮球强国。这些球队都是各自国家联赛的佼佼者，拥有众多国际级球员和明星教练，呈现出激烈而精彩的比赛风貌。

欧洲篮球联赛的赛制严谨而富有挑战性。常规赛阶段，球队采用多轮循环赛制，每支球队都会与其他组别的球队进行对抗，以争夺晋级季后赛的资格。季后赛采用淘汰制，球队需要经历激烈的角逐才能晋级到下一轮。这种赛制使比赛更具悬念和观赏性，也更能体现球队的实力。

欧洲篮球联赛的影响力与意义不仅体现在体育竞技方面，还给球迷、球员和相关产业带来了巨大的影响。它为球员提供了一个展示个人才华和技术水平的舞台，也吸引了球迷的广泛关注和支持。同时，欧洲篮球联赛也为欧洲篮球的发展做出了重要贡献，推动了篮球运动在欧洲的普及。

（二）欧洲篮球联赛的影响力

欧洲篮球联赛是欧洲最高水平的篮球比赛，由欧洲篮球联合会主办，旨在为欧洲顶尖球队提供一个竞技场。目前，该联赛共有18支队参加，包括土耳其、西班牙、意大利、俄罗斯、以色列等国家的顶尖球队。

（1）欧洲篮球联赛吸引了球迷的广泛关注，在比赛中，球员需要发挥出自己最好的技能和战术，与对手竞争。

（2）欧洲篮球联赛是欧洲各个球队之间交流的平台。每支球队都能从中学到不同的东西，这不仅有助于提升球队的实力，也促进了欧洲篮球文化的交流与融合。

（3）欧洲篮球联赛的影响力还体现在其商业价值和市场潜力上。随着联赛的发展和推广，越来越多的赞助商和投资者开始关注并投入其中，为联赛的发展提供了强大的经济支持。同时，联赛也通过电视转播、网络直播等方式，让全球观众都能欣赏到精彩的比赛，进一步扩大了影响力。

（4）欧洲篮球联赛作为欧洲最高级别的篮球赛事，对于推动欧洲篮球运动的发展和提高整体水平起到了重要作用。通过举办高水平的比赛和活动，联赛吸引了更多年轻人关注和参与篮球运动，为欧洲培养了大量的篮球后备人才。

第三节　篮球运动竞赛的科学组织与管理

篮球运动竞赛是现代竞技体育的重要组成部分，通过构建和完善篮球竞赛体系，不断提升篮球竞赛水平和影响力，能够全面地提升我国篮球运动水平。本节将重点研究篮球竞赛组织和管理方面的内容。

一、篮球运动竞赛的赛前组织

篮球运动竞赛的赛前组织是一个复杂且系统的过程,涉及多个方面的协调与准备。

(一)篮球竞赛的策划

篮球竞赛策划是一个综合性的工作,需要考虑多个方面的因素,以确保比赛的顺利进行。以下是策划一场竞技篮球竞赛的框架和要点。

1.策划目标
明确策划本次篮球竞赛的目的和目标,如推动体育文化建设、提高身体素质、促进团队合作与交流等。

2.赛事定位
根据参赛人群的年龄、水平等特点,确定赛事的定位,如校园篮球赛、青少年篮球锦标赛、职业篮球联赛等。

3.赛事名称和主题
设计一个富有创意和吸引力的赛事名称,同时确定一个符合赛事定位的主题,以突出赛事的特色和宗旨。

4.赛事时间、场地和设施
确定比赛的具体时间、地点和赛程安排,确保比赛场地设施完善、安全可靠,并提前进行场地布置和设备检查。比赛场地是比赛顺利进行的基础。因此,赛前需要对场地进行认真准备和检查,包括场地布置、画线、安装篮球架等。同时,要确保比赛设备完好无损,如篮球、计时器、记分牌等。

5.赛事规模的确定

为确保竞赛的顺利进行，必须明确所采用的竞赛制度与办法，并准确界定参赛单位的涵盖范围。同时，还须准确计算参赛人员和工作人员的数量，以确保竞赛的顺利进行。此外，还应掌握具体的接待规格和进行礼仪活动安排，全面展现竞赛的专业性和规范性，为参赛者提供良好的竞赛体验。通过这些措施，能够充分保障竞赛的顺利进行，并提升竞赛的整体水平。

6.参赛对象与报名方式

明确参赛对象的资格和条件，明确详细的报名方式和流程，包括线上报名、线下报名等，并设定报名截止日期。

7.运动员准备

组织运动员进行赛前训练，提高技能水平和体能素质。同时，对运动员进行心理调适，减轻比赛压力，增强信心。此外，还要确保运动员熟悉比赛规则，避免在比赛中出现违规情况。

8.裁判团队准备

裁判是比赛的公正守护者。因此，需要选拔经验丰富、公正严明的裁判员组成裁判团队。赛前对裁判员进行培训，确保他们熟悉比赛规则，掌握判罚尺度。同时，要建立严格的裁判纪律和监督机制，确保比赛的公正性。

9.宣传推广

制订宣传推广计划，通过各种渠道和方式宣传比赛信息，吸引更多的观众和赞助商。包括制作宣传海报、发布赛事信息、邀请媒体报道等，以提高赛事的知名度和影响力。

10.安全保障

制订安全保障计划，确保比赛期间的安全稳定，包括安排安保人员、制订应急预案、进行安全检查等。同时，要对运动员和观众进行安全教育，增强他们的安全意识。

11. 后勤保障

确保比赛期间的后勤保障工作到位，包括提供饮用水、医疗救助等服务，以满足运动员和观众的基本需求。

12. 奖项设置与颁奖仪式

设置合理的奖项，以激励运动员的积极性和培养竞技精神，同时策划颁奖仪式，为优胜者颁发奖杯、证书等。

13. 预算与资金筹备

制订详细的预算方案，包括场地租赁、设备购置、宣传推广、奖金设置等费用，并筹备足够的资金以确保赛事的顺利进行。

（二）建立竞赛的组织机构

篮球比赛前的组织管理是确保比赛顺利进行并达到预期效果的关键环节。建立竞赛组织机构是其中的首要任务。

1. 明确竞赛组织机构的基本框架

竞赛组织机构通常包括组织委员会、竞赛组、宣传组、场地器材组等核心部门。组织委员会负责整体把控赛事的进展，协调各部门之间的工作，确保比赛的顺利进行。竞赛组则主要负责比赛的具体执行，包括裁判员的选择与培训、赛程的制定以及比赛过程的监督等。宣传组则负责赛事的推广与宣传，包括组织报名、发布比赛信息以及成绩公告等。场地器材组则负责比赛场地的选择与布置，以及比赛器材的采购与管理。

2. 明确分工和职责并配置适当人员

专业人员应该具备相关的专业知识和经验，能够胜任所分配的任务。同时，还需要建立一套行之有效的沟通机制，确保各部门之间能够顺畅地交流信息，协同工作。

3.商定具体的执行细节

例如，需要制订详细的工作计划和时间表，明确各项工作的完成时限和责任人。同时，还需要建立相应的监督与考核机制，对各部门的工作进行定期评估，确保各项任务能够按时、保质完成。

（三）选择竞赛方法

1.分组循环赛

参赛队伍被分成若干小组，每个小组内的队伍进行循环比赛，即每队都要与其他队进行比赛。比赛结束后，根据胜负场次、积分等因素确定小组排名，排名靠前的队伍晋级到下一阶段或获得更好的名次。

2.淘汰赛

这是一种较为激烈的竞赛方式，每场比赛的胜者晋级，败者则被淘汰。常见的淘汰赛形式包括单淘汰和双淘汰。在单淘汰赛中，一旦输掉一场比赛就会被淘汰；在双淘汰赛中，队伍在输掉两场比赛后才会被淘汰。

3.交叉赛

不同小组或区域的队伍进行交叉对阵，以确定最终排名或产生晋级队伍。这种方式可以增加比赛的悬念和观赏性，因为不同风格和实力的队伍有机会相互碰撞。

4.挑战赛

特定队伍可以向其他队伍发起挑战，通过比赛来争夺排名或荣誉。这种方式常见于一些非正式的比赛或友谊赛。

二、篮球运动竞赛的赛中管理

篮球运动竞赛的赛中管理比较复杂，关键要做好以下几方面的工作。

（一）赛事监控与调整

在比赛进行过程中，组织者需要实时监控比赛进展，包括比分情况、球员表现、裁判判罚等。根据比赛实际情况，适时调整竞赛策略，确保比赛公平、公正、有序进行。

（二）安全与秩序维护

赛中管理必须高度重视安全和秩序问题。要确保场地安全，避免观众和球员发生意外。同时，要增加安保配置，维护现场秩序，防止发生观众冲突或其他不安全事件发生。

（三）球员与裁判员管理

对球员和裁判员的管理也是赛中管理的重要一环。要确保球员遵守比赛规则，尊重裁判和对手，避免发生恶意犯规或斗殴行为。对裁判员进行严格的监督，确保他们公正、准确地执裁比赛。

（四）应急处理与危机应对

在比赛过程中可能会出现各种突发情况，如球员受伤、观众骚乱等。因此，赛中管理需要制定应急预案，并配备相应的应急设备和人员，以便在突发情况发生时能够迅速、有效应对。

（五）数据统计与分析

赛中管理还需要对数据进行统计和分析，包括比赛数据、球员表现等。这有助于组织者了解比赛情况，评估球员和球队的实力，为后续的竞赛安排和决策提供依据。

（六）观众服务与互动

观众是比赛的重要组成部分，他们的参与和支持对于比赛的顺利进行至关重要。因此，赛中管理需要强化对观众的服务，为其提供舒适的观赛环境和优质的服务。同时，可通过举办观众互动活动等方式，来增强观众的参与感和归属感。

三、篮球运动竞赛的赛后管理

篮球竞赛的赛后管理是一个重要的总结环节，它涉及对比赛结果的整理、对球员和观众的安全保障，以及对比赛的整体评估和反思。

（一）对比赛数据进行详细的整理和统计

比赛数据包括球员的得分、篮板、助攻等个人数据，以及比赛的时间、比分、犯规情况等比赛数据。这些数据不仅反映了球员和球队的表现，也是球队战术分析和个人表现评估的重要依据。通过准确、完整地记录这些数据，可以为球队今后的训练和比赛提供宝贵的参考。

（二）赛后要确保球员和观众的安全

比赛结束后，球员可能会因为兴奋或疲惫而出现一些意外情况，因此需要由专人负责照顾和指导他们。同时，观众也要有序地离开比赛场地，避免出现混乱和拥挤。这要求组织者提前制订好安全预案，确保有足够的安保人员和设备，以应对可能出现的突发情况。

（三）对比赛进行全面的评估和总结

比赛评估包括对球队的表现、裁判的执法、比赛流程等方面进行综合分析和评价。通过总结比赛中的优点和不足，可以为球队今后的训练和比赛提供改进的方向。同时，也可以对组织者的工作进行反思和改进，提升未来办赛的组织水平，将成功的经验用于下一次的篮球竞赛组织中。

（四）关注球员的身体恢复和心理调适

比赛结束后，球员可能会因为身体疲劳或心理压力而需要一些时间来恢复和调整。组织者可以提供一些必要的医疗和心理支持服务，帮助他们更好地恢复状态，为接下来的比赛做好准备。

第四节 我国青少年篮球竞赛的发展

我国青少年篮球竞赛和西方国家相比发展较晚，但是由于篮球运动非常符合青少年的运动需要，因此在校园发展较快，青少年篮球竞赛得到快速发展。

一、我国青少年篮球竞赛发展现状

（一）青少年篮球竞赛的整体发展水平

1.联赛规模

以北京市青少年篮球俱乐部联赛为例，经过几年的发展，该联赛已经设立了U8混合组、U10、U12、初中、高中男组、高中女组等多个组别，为不同年龄的青少年篮球爱好者提供了广泛的参赛机会。

在参赛规模上，北京市青少年篮球俱乐部联赛也呈现出不断扩大的趋势。从比赛创办之初的100支左右参赛队伍，已经增加到2022年的470多支队伍，这一数字的增长反映了青少年篮球运动的普及和受欢迎程度。

此外，联赛的组织形式也日益完善。例如，本届赛事按照预赛、决赛、训练营三个阶段进行，预赛阶段在多个赛区分别组织，参赛俱乐部和球员可以就近选择赛区参与比赛，这大大提高了参赛的便利性。决赛阶段则采用"比赛+测试"的竞赛模式，既考验了球员的竞技水平，又有助于他们提升技术和战术能力。

除了北京市青少年篮球俱乐部联赛之外，各地还有类似的青少年篮球联赛和比赛。这些联赛和比赛的规模和水平也在不断提高，为全国各地青少年篮球运动员提供了更多的锻炼和展示机会。

总的来说，青少年篮球竞赛的整体发展水平在联赛规模方面呈现出不断扩大和完善的趋势。这不仅有助于推动青少年篮球运动的普及和发展，也为我国培养更多优秀的篮球后备人才打下了坚实的基础。

2.国际交流

青少年篮球竞赛的整体发展水平在国际交流方面展现出了积极的态势。随着全球化进程的加速和篮球运动的普及，国际青少年篮球交流活动日益增多，为青少年篮球运动员提供了更广阔的舞台和机会。

我国的青少年篮球赛事不局限在国内，国际合作交流赛事也在不断加强。通过积极举办或参与跨国界的青少年篮球比赛，不断提高我国青少年篮球竞赛的整体水平。这些赛事不仅为青少年篮球运动员提供了切磋球技的平台，也促进了不同国家和地区之间的文化交流。通过这些比赛，青少年篮球运动员能够接触到不同的篮球风格和战术体系，拓宽了视野，提升了竞技水平。

另外，国际篮球组织和机构在推动青少年篮球国际交流方面发挥了重要作用。例如，国际篮球联合会（FIBA）经常组织青少年篮球训练营、友谊赛等活动，为各国青少年篮球运动员提供了相互学习和交流的机会。这些活动不仅有助于提升青少年篮球运动员的技术水平和战术素养，还促进了各国之间的友谊和合作。

与此同时，一些国家和地区还积极开展青少年篮球人才的跨国培养和合作。通过互派教练、球员交流等方式，分享篮球教育资源和经验，共同提升青少年篮球的整体水平。这种跨国合作不仅有助于培养具有国际视野和竞争力的青少年篮球人才，也推动了全球篮球运动的发展。

（二）我国青少年篮球竞赛发展环境

我国青少年篮球竞赛的发展环境呈现出良好态势，为青少年篮球运动员的成长和竞赛的推进提供了良好的条件。

1.政策环境

国家对于青少年体育和篮球运动的发展高度重视。政府出台了一系列相关政策，旨在推动青少年篮球运动的普及和提高。这些政策包括加强青少年体育设施建设、推动学校体育课程改革、鼓励社会力量参与青少年体育人才培养等，为青少年篮球竞赛的发展提供了有力的政策保障。

2.经济环境

随着我国经济的持续增长，人民生活水平不断提高，越来越多的家庭愿意为孩子体育方面的专业发展加大投入力度。这为青少年篮球竞赛的举办提供了坚实基础。同时，篮球运动的市场化运作也为青少年篮球竞赛的发展提供了更多的资金来源和商业合作机会。

3.社会文化环境

篮球运动在我国有着广泛的群众基础和深厚的文化底蕴。越来越多的人开始关注和喜爱篮球运动，这为青少年篮球竞赛的发展提供了良好的社会氛围。同时，学校、家庭和社会各界也积极支持青少年篮球运动的发展，为青少年篮球运动员的成长提供了良好的社会文化环境。

4.技术环境

随着现代科技的不断发展，篮球运动的技术和训练方法也在不断更新和进步。新的训练器材、数据分析工具以及训练方法的应用为青少年篮球运动员的训练和比赛提供了更多的可能性。同时，互联网和新媒体的普及也为青少年篮球竞赛的宣传和推广提供了更多的渠道和方式。

二、我国青少年篮球竞赛的组织现状

（一）竞赛体系不断完善

从全国性的大型赛事到地方性的小型比赛，青少年篮球竞赛的层次和形式越来越丰富。这些比赛不仅为青少年篮球运动员提供了展示和锻炼的平台，也为他们的成长进步创造了条件。由于经济、文化以及地理条件等多种现实原因，我国的青少年篮球竞赛水平也表现出层次差异，如在经济发达地区，青少年篮球竞赛发展较为领先和成熟，在经济较为落后的地区或者高原、山区等区域则发展得较为缓慢，但无论如何，我国青少年篮球竞赛体系在不断地完善。

（二）参赛规模逐渐扩大

随着篮球运动的普及和发展，越来越多的青少年参与篮球竞赛活动，将篮球运动作为自己的主要运动选择，这为推动篮球竞赛的发展奠定了较好的环境基础和人才基础。各地篮球协会、学校和俱乐部等组织积极举办各类比赛，吸引了大量的青少年篮球运动员参与。

（三）常见问题

一方面，部分地区和组织在赛事组织、管理和运营方面能力不足，如赛事安排不够合理、裁判员水平参差不齐、场地设施不完善等，这些问题影响了比赛的公平性和顺利进行。另一方面，参赛队伍之间水平差异较大，给赛事组织带来了一定的挑战。

总之，我国青少年篮球竞赛的组织在不断完善和进步，但仍需要解决一些存在的问题。通过加强规划、组织、管理和培养等方面的努力，相信我国青少年篮球竞赛的组织水平会得到进一步提升。

第五节　CBA联赛的优化发展策略

CBA，即中国男子篮球职业联赛，自1995年成立以来，已经发展成为中国最高水平的职业篮球比赛。CBA的成立和发展是中国体育事业深化改革、推进职业化的重要成果。随着国家体育政策的调整和市场经济的不断发展，中国篮球运动开始逐步走向职业化和市场化。CBA联赛应运而生，成为推动中国篮球运动发展的重要力量。随着全球化和互联网的快速发展，CBA联赛也开始加强与国际篮球界的交流与合作，引进国外先进的篮球理念和技术，提高联赛的整体水平。同时，CBA联赛也借助互联网的力量，采用赛事的在线直播、社交媒体营销等创新方式，持续扩大联赛的影响力和提升其商业价值。

一、CBA联赛的发展现状

（一）CBA的产业发展不容乐观

CBA的产业发展在过去几十年确实取得了显著的进步，尤其是自1995年成立以来，它已经成为中国体育产业中的一支重要力量。CBA联赛的水平不断提高，吸引了大量的优秀球员以及国际球星的加盟，其商业价值也在逐渐凸显。赞助商的投入不断增加，电视转播权的价格水涨船高，球迷的关注度也在不断提升。此外，CBA联赛也积极开发篮球周边产业，推出各种相关产品，为联赛和球队带来了额外的收入。

然而，虽然CBA产业发展取得了很大的进步，但确实还面临一些挑战，形势仍不容乐观。尽管CBA联赛已经吸引了大量的优秀球员和国际球星，但与一些国际顶级篮球联赛相比，其竞技水平和影响力仍有待提升。而且，在市场化发展方面还有很大提升空间，需要经验丰富的管理人才不断推进CBA的市场进程，以改变当前的尴尬局面。

（二）CBA联赛的上座率不理想

近年来，中国男篮在国际赛场上的表现不尽如人意，无疑影响了球迷对于CBA联赛的热情和信心。当国家队成绩不佳时，联赛的关注度就会受到影响。除了少数明星球员之外，绝大部分球队和球员的表现没有达到球迷的预期，甚至可以说是相当平庸，这使球迷对于比赛的期待值不断降低，不愿为观看CBA继续投入时间和金钱。于是，逐渐形成一种恶性循环。如果球队在比赛中缺乏激情、斗志和创新，那么球迷自然不愿意花时间和金钱去现场观赛。

CBA的产业成熟度不够，能够提供的服务和选择都十分有限，但是联赛的票价却相对高昂，这对于本就没有那么热情的受众而言，上座率自然不会理想。对于普通球迷来说，如果票价过高，他们宁可选择在家观看电视直播或者通过网络平台观看比赛，也不会到场观赏。

总之，与一些国际顶级篮球联赛相比，CBA联赛在赛事安排、场馆设施、服务水平等方面还有待提高。如果联赛能够在这些方面做出改进，为球迷提供更加优质的观赛体验，上座率才有望得到进一步提升。

二、当前CBA联赛存在的问题

（一）管理水平亟须提升

联赛的管理质量和水平目前仍处于较为粗犷化的状态。专业管理机构、部门、人员尚不到位，这导致在联赛运营、赛事安排、球员管理等方面都经常出现疏漏和不足。另外，联赛中偶发的打架斗殴事件也暴露出管理水平的严重不足。现有的管理水平仅仅能应对比赛相关的主要环节，但是对突发事件的处理就显得力不从心。这不仅是对球员和比赛本身的伤害，更对联赛的品牌形象和公众形象造成了负面影响。这类事件的发生往往与管理层对球员行为规范的监管不力、对赛事安全保障的忽视有关。

更为重要的是，CBA联赛在球迷互动和关注度上也存在不足，难以形成凝聚力，整体上呈现松散、无序的状态。比如，近年来CBA全明星周末赛遭遇冷清，星锐赛降温、大牌球星缺席、地域差异和售票反常等问题都影响了比赛的吸引力。这反映出联赛在赛事策划、市场推广、票务管理等方面还有很大的提升空间。

（二）营销策略存在不足

在营销推广方面，CBA联赛的市场营销未能充分满足球迷的需求，显然与成熟的现代竞技体育赛事还存在较大的差距，球迷对于高质量赛事、互动体验和情感共鸣等方面的需求没有得到很好的满足，降低了球迷对CBA联赛的热情和兴趣。同时，联赛在推广篮球文化和提升比赛质量方面也存在不足，缺乏足够的吸引力和影响力。

尽管联赛与众多品牌和企业签署了合作协议，但在寻找新的赞助商和合作伙伴方面，以及开拓新的赛事市场方面，如篮球文化展览、篮球培训营销等，还存在一定的提升空间。

此外，CBA联赛在产品、价格、促销等方面的市场营销策略及具体执行并不成熟，导致联赛总体经营水平和经济效益不佳。与国际成熟的篮球联赛相比，CBA在营销策略的创新和多样性上显得相对保守，缺乏足够的市场竞争力。

(三) 文化建设缺失

当前CBA联赛在文化建设方面确实存在一些缺失，在一定程度上影响了联赛的品牌形象、球迷的归属感和联赛的长远发展。

第一，联赛在文化建设的投入上不足。尽管近年来CBA联赛在物质层面建设上取得了一定的进步，如场馆设施、比赛装备等方面的改善，但在文化层面的投入却相对较少。导致联赛在文化内涵、品牌形象等方面缺乏足够的支撑，难以形成独特的文化魅力。

第二，联赛在传播篮球文化、弘扬体育精神方面做得不够。篮球不仅仅是一项竞技运动，更是一种文化、一种精神。然而，在CBA联赛中，我们往往只看到了比赛的胜负和球员的技术表现，而忽略了篮球文化和体育精神的传播，导致球迷对于联赛的认知仅停留在比赛层面，缺乏对于联赛文化的深入了解和认同。

第三，联赛在培养球迷文化、营造良好观赛氛围等方面也存在不足。球迷是联赛的重要组成部分，他们的参与和支持对于联赛的发展至关重要。然而，在CBA联赛中很少看到能够激发球迷热情、增强球迷归属感的文化活动和举措，导致球迷对联赛的参与度和忠诚度不高，难以形成稳定的球迷群体。

(四) 球员选拔机制不完善

当前CBA联赛的球员选拔机制还明显存在不完善之处，这在一定程度上影响了联赛的人才储备和竞技水平。一般情况下，CBA联赛的球员选拔过度依赖传统的体校和青年队体系，这种选拔方式往往局限于特定的地域和圈子，导致一些有潜力的球员可能因为地域、资源等因素而未能被发掘。同时，这也使联赛的球员来源相对单一，缺乏多样性和创新性。

由于依赖传统的运动员选拔体系，导致出现许多其他问题，比如，CBA联赛在选拔球员时过于注重身体条件和即战力，而忽视了球员的技术、战术素养和发展潜力。导致一些身体条件出色但技术粗糙的球员被选拔进入联赛，而一些技术出众但身体条件稍逊的球员则可能被埋没。长此以往，这一落后的机制很可能制约我国的篮球人才选拔和培养，更不用说提升联赛的发展水平了。

此外，CBA联赛在球员选拔过程中还缺乏足够的透明度和公正性。一些球员可能因为关系、背景等因素而获得额外的选拔机会，这不仅有损联赛的形象和公信力，也会打击其他球员的积极性和信心。

三、CBA联赛的优化发展策略

（一）加强文化建设

针对CBA联赛在文化建设方面的缺失，加强文化建设成为优化发展策略中的关键一环。具体建议如下。

1.丰富篮球文化内涵

CBA联赛应深入挖掘篮球运动的文化内涵，包括团队精神、竞技拼搏、体育道德等方面。通过举办文化讲座、论坛等活动，向球员、教练、工作人员和球迷普及篮球文化，提升对联赛文化的认知和理解。

2.营造独特文化氛围

结合中国的传统文化和地域特色，CBA联赛可以打造独特的文化氛围。例如，在比赛场馆的设计中融入中国元素，举办具有地方特色的篮球文化活动，使联赛更具民族性和地域性。

3.加强球迷文化建设

球迷是联赛的重要组成部分，加强球迷文化建设对于提升联赛的影响力和凝聚力具有重要意义。可以通过举办球迷互动活动、建立球迷俱乐部、推出球迷专属福利等方式，增强球迷的归属感和提高其忠诚度。

4.推广篮球文化教育

与教育机构合作，开展篮球文化教育项目，培养青少年对篮球运动的兴趣。通过举办篮球夏令营、篮球文化节等活动，让更多的青少年了解并参与到篮球运动中来，为联赛储备更多的人才。

5.加强国际篮球文化交流

通过与国际篮球组织、其他国家的联赛开展文化交流活动，引进先进的篮球理念和文化元素，同时向世界展示中国篮球的独特魅力。全面提升CBA联赛的国际影响力，吸引更多的国际球迷和赞助商。

（二）采用多元化消费策略

1.丰富消费产品和服务种类

为满足不同消费者的需求，CBA联赛可以推出更多种类的消费产品和服务。例如，除了传统的比赛门票和周边商品外，还可以开发虚拟门票、电子纪念品、主题餐饮等新型产品。同时，可以推出定制化的服务，如球迷专属观赛体验、球星见面会等，以满足特定消费者的需求。

2.利用数字化手段，提升消费体验

借助数字化技术，CBA联赛可以提供更加便捷、个性化的服务。例如，通过移动应用或网站提供一站式购票、商品购买、观赛指南等服务；利用大数据分析消费者行为，提供个性化的推荐和优惠；运用虚拟现实、增强现实等技术，为球迷提供沉浸式的观赛服务。

3.深化跨界合作，拓展消费渠道

CBA联赛可以积极寻求与其他行业、品牌的跨界合作，共同开发新的消费产品和服务。例如，与旅游、餐饮、娱乐等行业合作，推出联合套餐或优惠活动；与知名品牌合作推出联名商品或活动，提高联赛的品牌价值和影响力。同时，可以拓展线上线下的消费渠道，如电商平台、社交媒体等，吸引更多消费者关注和购买。

4.加强市场营销和品牌建设

通过有效的市场营销和品牌建设，CBA联赛可以提升消费者对联赛的认知度和好感度，提升消费意愿。可以运用社交媒体、广告、公关等手段进行宣传推广；举办各类营销活动，如粉丝节、球星见面会等，增强与消费者的互动和联系；加强与国际篮球组织的合作和交流，提升联赛的国际知名度和影响力。

5.关注消费者反馈，持续优化消费策略

CBA联赛应密切关注消费者的反馈和需求变化，及时调整和优化消费策略。通过问卷调查、用户访谈等方式收集消费者意见；对消费数据进行分析和挖掘，发现潜在的市场机会和问题；持续改进产品和服务质量，提升消费者的满意度和忠诚度。

第六章 现代篮球运动后备人才培养的理论分析与可持续发展

现代篮球后备人才的培养是篮球运动发展的核心内容，随着现代篮球的高速发展和成熟，对后备人才的需求无论是数量上还是质量上都呈现出逐渐提升的趋势。本章将对此进行深入分析。

第一节 篮球后备人才及其培养理论

一、篮球后备人才的概念与特点

（一）篮球后备人才的概念

篮球后备人才是指在篮球运动项目上具备一定潜力和才华，且正处于培养和发展阶段的年轻运动员。这些运动员通过系统的训练和教育，有望在未来成为职业篮球运动员甚至为国家队输送优秀选手。

篮球后备人才的培养是一个长期且系统的过程，涉及选材、训练、比赛、文化教育等多个环节。在选材阶段，需要综合考虑运动员的身体素质、技术水平、心理素质和潜力等因素，确保选拔出具有发展潜力的优秀苗子。在训练阶段，需要根据运动员的特点和需要，制订科学的训练计划和方法，注重培养运动员的基本功、战术意识和团队协作能力。同时，还需要为运动员提供足够的比赛机会，让他们在实战中积累经验、提高水平。

除了技术和战术方面的培养，篮球后备人才还需要注重文化教育。文化教育能够提升运动员的综合素质和人文素养，帮助他们更好地理解和应对比赛中的各种问题。此外，良好的文化教育背景也有助于提升运动员在未来的职业生涯中的竞争力。

（二）篮球后备人才的特点

篮球后备人才主要具备以下特点。

（1）他们通常具有出色的身体素质，包括身高、体重、力量、速度、耐力等，这是进行篮球运动的基础。

（2）他们在篮球技术方面具备较高的水平，包括运球、投篮、传球、防守、篮板等基本技术，以及战术理解和执行能力。

（3）篮球后备人才还表现出良好的心理素质，比如能够在比赛中保持冷静，具有承受压力和应对挑战的能力，同时保持自信心和积极向上的心态。

（4）除了运动技能和心理素质，他们往往也具备良好的学习和适应能力，能够迅速掌握新的技术和战术，适应不同的比赛环境和对手。

（5）篮球后备人才通常具有对篮球运动的热爱和执着，愿意投入大量的时间和精力进行训练和比赛，以实现自己在篮球领域的梦想。

二、篮球后备人才培养的基本理论

针对篮球后备人才的培养，有一系列的理论和方法，旨在最大限度地挖掘他们的潜力，提高竞技水平。

（一）以人为本

以人为本意味着在培养过程中要关注运动员的全面发展，不仅注重技术和战术的训练，还要关注他们的文化学习、心理素质、道德品质等多方面的提升。同时，要关注后备人才的长期发展和可持续性，避免过度开发和短期行为。

以人为本的人才培养理论强调在人才培养过程中要以人为核心、以人为基础，以促进人的全面发展为最终目的。它要求充分尊重人的个性和需求，关心人、爱护人、发展人，追求对人本身的关照、关怀以及人身心的全面协调发展。

（二）可持续性培养理论

篮球后备人才的可持续性培养理论，主要强调在培养过程中注重人才的长期发展和潜力的深入挖掘，以确保篮球后备人才能够持续地为篮球事业作出贡献。可持续性培养理论强调对后备人才进行全面、系统的培养，包括在技术、战术、体能、心理等多个方面进行训练，以提升他们的综合素质和竞技水平。同时，还需要注重文化教育，培养后备人才的人文素养，为他们的全面发展奠定基础。

可持续性培养理论注重人才的长期规划和发展。在培养过程中，要根据后备人才的年龄、特点和潜力，制订个性化的培养方案，确保他们在不同阶段都能够得到合适的训练和发展机会。同时，还要关注后备人才的心理健康和职业规划，帮助他们建立正确的价值观和职业观，为他们的未来发展提供指导。此外，可持续性培养理论还强调资源的合理利用和环境的不断优化。在培养过程中，要积极争取社会各方面的支持和资源，为后备人才提供更好的训练设施、教练团队和比赛机会。同时，还要加强与国际篮球的交流与合作，引进先进的训练理念和方法，提升我国篮球后备人才的培养水平。在具体实施方面，可以根据运动员的实际情况和需求采用灵活有效的教育方式，部分自由时间由训练员自行支配。同时，广泛征求意见，制定科学合理的教育大纲和要求，要求训练员认真观察学员训练过程，并分析学员的训练特点和行为特点，针对学员的不足采取科学有效的训练方式。此外，还应合理利用社会资源，吸引社会资本投入篮球后备人才培养工程，改善训练条件。

三、篮球后备人才培养的实施方法

篮球后备人才培养是一个系统工程，需要从多个方面入手，确保后备人才能够得到全面的发展，并具备适应未来挑战的能力。以下是具体的实施方法。

（一）明确培养目标

首先，要明确后备人才培养的目标，包括专业知识、技能水平、道德品质、创新思维以及团队合作能力等方面。只有明确了目标，才能制定出有针对性的培养计划。

其次，应扩大篮球后备人才的培养范围。青少年运动员的选拔和培训，不仅是为国家的竞技篮球输送人才而培养，同时也是为未来的篮球教学和篮球普及而培养。因此，应设定多元的人才培养计划。

（二）广泛选拔人才

要通过科学的选拔机制，从广大人群中挑选出具有潜力和才华的后备人才。选拔过程应公正、公平、公开，确保真正有才华的人才能够脱颖而出。扩大人才的选择范围，提高人才选拔的标准，不应受传统的体育人才衡量标准的束缚，而是全面地衡量具有篮球运动潜力的青少年，给他们更多的成长机会，以动态的衡量标准进行选择。

（三）制订个性化培养方案

根据后备人才的特点和需求，制订个性化的培养方案。包括为他们提供适合自身发展的课程、实践机会以及导师指导等。同时，要关注后备人才的成长进程，及时调整培养方案，确保他们能够得到持续、稳定的发展。

（四）提供优质教育资源

为后备人才提供优质的教育资源，包括优秀的师资、先进的设施以及丰富的文本资料等。这些资源能够为他们提供广阔的学习空间，促进他们的全面发展。

（五）加强实践锻炼

实践是检验人才的重要标准。通过组织实践活动、项目实战让后备人才在实践中锻炼自己的能力，积累经验。这不仅能够提升他们的技能水平，还能够培养他们的创新意识和团队协作能力。

（六）建立激励机制

建立有效的激励机制，激发后备人才的积极性和创造力。包括设立奖学金、提供晋升机会以及给予荣誉表彰等。同时，要关注后备人才的心理健康，为他们提供必要的心理支持和帮助。

（七）加强与国际接轨

随着全球化进程的加速，后备人才培养也需要与国际接轨。通过引进国际先进的教育理念和方法，加强与国际同行的交流与合作，全面提升我国篮球后备人才培养的水平和质量。

第二节　篮球后备人才培养现状与困境

一、资源分配不均衡

篮球教学受到各地区经济发展水平的影响。具体表现为，在大城市和发达地区的学校，基本上拥有良好的篮球场地和基础设施条件，还有专业的篮球教练，而且城市里的篮球文化也更为丰富，这些都成为促进篮球后备人才培养和发展的重要物质条件。就目前而言，我国农村和欠发达地区的篮球资源和文化都较为匮乏，从而导致地域之间的不公平竞争。

此外，篮球后备人才培养基地在全国范围内的分布也不均匀，各省市人才储备量差异较大。虽然篮球运动整体开展较好，受众广泛，群众基础优越，但各省市在篮球后备人才培养方面的发展实力存在差距。

二、人才选拔和培养机制还不够完善

随着社会的迅速发展，传统的培养模式逐渐暴露出弊端，尤其是学训矛盾日益凸显。为了解决这一问题，体教融合的培养模式逐渐兴起。例如，通过学校与业余体校联合办队，共同负责运动员的选拔、文化教育及训练比赛，以更好地培养优秀运动员。

现有的培养机制过于依赖选拔考核，缺乏系统性的培养计划。一些基层篮球教练过于注重选拔优秀学生以提升自身地位和待遇，而忽视了对广大学生进行全面培养。此外，由于缺乏明确的职业规划和专业指导，也使一些优秀的青少年球员在培养过程中迷失方向。

三、师资水平限制后备人才的发展

当前，我国学校篮球教练员大都由本校体育教练兼任，少数高校聘用了专业教练员专门负责指导高水平篮球运动队的训练。兼任教练员的体育教练既要完成体育教学工作，又要完成篮球业余训练的任务，工作负担很重。

更为重要的是，由于长期缺乏师资培养机制，当前的篮球教练员整体上业务水平不高，没有做到与时俱进，其教学理念和教学技能只能勉强应对教学任务，在培养高水平的篮球后备人才方面还有一定的不足。尤其是体育教练兼任的教练员多数没有教练员资格证书，甚至有二级以上篮球运动员运动等级证书的也很少。参加过专业培训和市级以上比赛的教练员也不多。由此可见，学校篮球教练员队伍整体专业水平有限，不利于学校篮球训练的发展，也无法保障篮球后备人才培养质量。所以，现阶段提升篮球教练员队伍的整体素质和水平是促进我国校园篮球发展的重要任务，也是健全校园篮球后备人才培养体系急需解决的重要问题之一。

四、训练保障和经费投入不足

篮球后备人才培养中，训练保障和经费投入不足是一个亟待解决的问题。训练保障对于篮球后备人才的培养至关重要。然而，当前许多学校或培养机构在训练设施、器材以及场地等方面存在明显短板。例如，一些学校缺乏标准的篮球场地，训练器材陈旧，甚至存在安全隐患，这无疑影响了后备人才的训练效果和安全。此外，专业的医疗和康复团队也是训练保障的重要组成部分，但在许多地方，这方面的配备并不完善，球员在受伤后难以得到及时、专业的治疗和康复。

经费投入不足也是制约篮球后备人才培养的关键因素。篮球运动需要长期的投入和积累，包括教练员的薪酬、训练器材的更新、比赛和交流的经费等。然而，由于资金短缺，许多学校和培养机构在篮球后备人才培养方面的投入有限，难以支持高水平比赛。导致一些有潜力的球员因为缺乏足够的资源和机会而未能充分发挥其才能。

针对这些问题，需要加大训练经费的投入力度。政府、学校和社会应该共同努力，为篮球后备人才提供更好的训练条件和资源。一方面，可以加大对基层篮球设施建设的投入力度，改善训练环境；另一方面，可以设立专项资金，用于支持篮球后备人才的培养和发展。同时，还可以通过企业赞助、社会捐赠等方式筹集资金，为篮球后备人才培养提供更多的经费支持。

第三节　构建体教融合的篮球后备人才培养模式

体教融合是我国培养竞技体育后备人才践行的科学理念。随着体教融合理念的不断完善和社会的快速发展，学术界关于体教融合的表达方式越来越多，不局限于竞技体育领域，但目前体育后备人才的培养与发展依然是体教融合理念研究的主题与焦点。树立体教融合的体育人才培养理念，要对体育与教育的规律、原则等予以遵循与贯彻，对青少年后备人才的自主选择权予以尊重与强调，关注青少年后备人才的文化教育和科学训练，将人才培养的首要任务确立为促进青少年的全面发展，促进体育后备人才培养的可持续发展。在篮球后备人才培养中同样要树立体教融合的培养理念，按体教融合的指导思想培养全面发展的青少年篮球后备人才。

一、体教融合的科学解读

（一）体教融合的含义

体教融合是指将体育和教育相结合，通过体育教育来促进学生的学习和体育技能发展。这一理念强调体育也是教育的一部分，可以通过体育锻炼提升人的认知水平。具体来说，体教融合包括以下几个方面。

1.体育教育

将体育元素引入学习中，通过体育训练和比赛来提高学生的身体素质和健康水平，同时培养学生的运动技能和运动精神。

2.素质教育

将教育元素引入体育训练中，培养学生的思考能力、判断能力、合作能力和创新能力，全方面提升学生的综合素质。

3.体育与文化

将体育和文化相结合，通过体育比赛和文化活动等形式培养学生的文化素养和审美能力，同时使学生加深对体育文化的认知和理解。

4.体育与社区

将体育与社区相结合，通过体育推广和社区活动等形式培养学生的社交能力和参与意识，同时为社区提供体育服务和支持。

将体育与教育简单相加并不是真正意义上的体教融合，从二元论出发将体育的价值取向与教育的价值取向叠加在一起也不能算作体教融合。体教融合是体育与教育高层次、全方位的融合形式，将二者有机融合，需要从根本上做出多方面的改变，主要涉及教育思想、教育制度、教育价值观、教育功能观等方面。体教融合理念所追求的最高目标是人的全面发展。

体教融合的形成意味着要从根本上变革传统体育人才培养体系，包括对教育体系的变革。通过进行本质上的变革，使青少年体育后备人才既能接受学校文化教育，又能参加专业运动训练。促进青少年体育后备人才（学生运动员）的全面发展是体教融合中"融合"二字的核心价值。要使青少年体育后备人才真正获得全面发展，就要将体教融合中的阻碍或体育系统与教育系统之间的隔阂最大限度地予以消除，要预防体教分离，也要避免表面形式的体教结合，否则青少年体育后备人才就会被挡在教育大门之外，无法顺利学习学校文化知识，影响其文化水平的提升和全面发展，也影响其升学与社会化发展。

树立体教融合的理念，必须对传统的教育体系和体育后备人才培养服务体系予以改革，加快学校教育系统的重建，对体育系统与教育系统的资源进行优化配置，加强资源的重组与融合，对传统教学策略进行改进，全方位满足青少年体育后备人才的文化学习需要和运动训练需要。

（二）体教融合的表现

在具体的实施中，可以将体教融合分为目标融合、资源融合和措施融合几个方面进行（图6-1）。

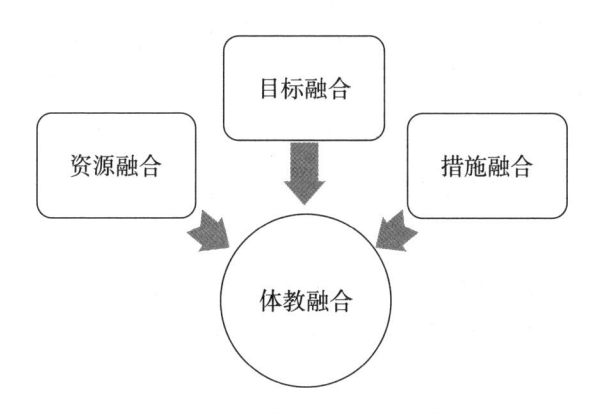

图6-1 体教融合的全面贯彻

1.目标融合

体教融合的宗旨是促进青少年健康与全面发展，培养全面发展的体育后备人才。体育系统与教育系统应围绕这一宗旨，明确统一的培养目标，使体育后备人才培养有明确的方向，并在目标引领下实现体育与教育的全领域融合、全阶段融合和全方位融合。在目标融合中，要重点推动学校体育后备人才培养机制的健全与完善，对"体育人"的功能和价值进行深入挖掘，并加强学校与社会之间的互动与合作，使青少年体育后备人才的培养获得社会各界的关注、支持和参与。

2.资源融合

体育与教育的融合还要落实在资源融合中，整合有关部门的优势资源，并合力开发能够促进青少年运动员发展和竞技体育可持续发展的体育资源与教育资源，优化配置各类资源，促进资源共享，为体育后备人才的体教融合培养提供良好的资源条件，创设人才培养的优良物质环境，从基础上保障体教融合的高效运行和青少年体育后备人才培养的顺利开展。

3.措施融合

体教融合理念最终都要在一个个具体的措施中贯彻落实,因此全方位深入贯彻体教融合理念,还必须加强措施融合。在体育系统与教育系统的措施融合中,要对学校体育的基础地位加以巩固,促进体校培养效能的提升,完善体教融合的组织体系与人才培养机制,在具体的可行性措施中开展各项可操作的具体工作,充分发挥普通学校、体校、俱乐部及社会组织在体育后备人才培养中的积极作用。

首先,进一步推进学校体育对体育后备人才的培养。

其次,深化体校与教育部门的合作,从文化知识、运动训练、道德培养等方面提升青少年后备人才的综合素质。

最后,深化体教融合改革,建立青少年体育俱乐部、培训机构,建立校企合作机制,为学生提供健康管理、技能培训等服务,推进体育、文化、教育等互融互通。

(三)体教融合的特征

体教融合的特征主要体现在体教融合下体育后备人才的培养体系中,具体体现在培养目标、培养主体和培养过程之中。这几个方面的特征也是体教融合与体教结合相比所具有的独特性或优势,如图6-2所示。

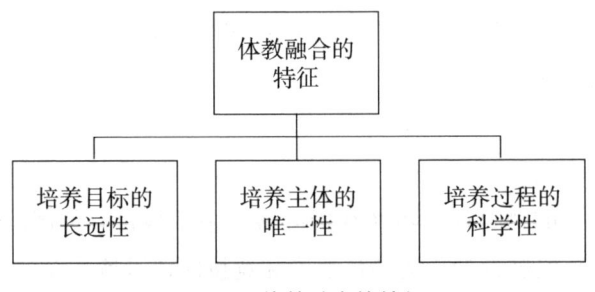

图6-2 体教融合的特征

下面具体分析体教融合的三个主要特征。

1.培养目标的长远性

体教融合理念下,体育后备人才培养工作被纳入教育体系中,竞技体育人才的培养重任由教育系统承担,教育系统培养竞技体育人才的长远目标是为国家输送优秀的全面型运动员人才,短期目标是增强学生体质、促进学校文化建设、为学校争得荣誉。短期目标服务于长远目标。以往学校只重视短期目标,选拔有天赋的运动苗子组建运动队,强调学生多训练,尽快提高运动成绩,或特招运动员,提高学校运动队的实力,为学校争光,从而忽视了学生的文化学习,表现出急功近利的一面,导致体育后备人才培养无法实现可持续发展。

2.培养主体的唯一性

传统的体教结合培养理念包含教育系统和体育系统两个培养主体,两个主体虽然都是为人才培养服务,但毕竟属于不同的系统,双方之间存在一些利益矛盾,这对体育后备人才培养的顺利进行及竞技体育的发展造成了一定阻碍。体教融合模式中只有一个培养主体,那就是教育系统,该模式倡导在教育体系中融入体育后备人才培养计划,教育系统吸收体育系统的优势资源用于人才培养,教育系统要将自身的主观能动性和育人价值充分发挥出来。体育部门作为辅助系统,为教育部门提供资源,在后备人才选拔、培养和教练员培训等方面出谋划策,提供指导,这样可以使两个系统权力与责任分明,减少利益冲突,防止出现传统培养模式运作中存在的互相推卸责任和利益冲突的现象。

3.培养过程的科学性

在教育系统中培养体育后备人才,在教育部门中融入体育资源,特别是融入优秀的教练员人力资源和科研资源,能够有效加速青少年体育后备人才的培养进程,提高培养过程的科学性与最终培养效果。教练员的专业水平和其他相关人力资源的配套程度,直接影响青少年体育后备人才运动训练的科学水平。如果没有优秀的教练员在青少年体育后备人才的基础训练阶段为其提供科学指导,也没有高水平的教练员实施有效的训练方法,将会严重制约青少年运动员基础水平的提升。将高水平教练员融入教育系统来指导人才培养工作,能够使培养过程更加科学有效。

二、体教融合对培养校园篮球后备人才的重要性

我国篮球运动的发展离不开体教融合，将体教融合落实在校园篮球后备人才培养实践中，要加强体育与教育的深层融合、多元融合，推动体育与教育的协同发展，共同培养优秀的篮球后备人才，早日实现体育强国战略目标。具体而言，体教融合对培养校园篮球后备人才的重要性体现在以下三个方面。

（一）有利于促进篮球后备人才的全面发展

要培养优秀的校园篮球后备人才，必须突破单一的培养模式，注重培养对象的全面发展。通过体育与教育的融合，促进人才培养中课外活动的丰富、体育活动的多元化、训练模式的创新，最终促进青少年健康水平和篮球运动水平的提升。树立体教融合理念，要将青少年篮球运动员与普通学生的差异淡化，使青少年篮球运动员也能像非运动员一样正常学习，提高其文化知识水平和人文素养，使青少年未来发展之路更加广阔。

（二）有利于提高篮球后备人才培养的科学性

面向青少年的任何教育都要从青少年的身心特点出发，这也是遵循教育规律的体现。从青少年身心发展的特征与规律出发提升其文化水平和运动能力，需要走体教融合之路。在体教融合理念下，学校不断优化师资队伍，提升师资力量水平，使青少年篮球运动员的培养更科学、全面，更有实效性，最终促进青少年篮球运动员综合素质的提升。

（三）有利于确立篮球后备人才培养的相关制度与政策

体教融合强调同时发展体育事业与教育事业，对二者之间的关系予以强化，并试图将二者之间的矛盾消除，积极建设篮球后备人才培养的管理体系，为体育部门和教育部门制定相关政策与出台相关规定提供思路与依据，并形成合力，共同推动新政策与制度的推行与落实。

加强体教融合，还要对教育与体育两大部门的职能予以优化与完善，共同建立篮球后备人才培养的监管机制，构建人才培养质量的评价体系，优化人才培养过程与提升人才培养效果，使相关制度与政策的优势与功能得以彰显和充分发挥。

三、体教融合视域下校园篮球后备人才培养模式

在体教融合视域下，校园篮球后备人才培养模式旨在通过整合体育和教育资源，培养具备篮球运动技能、文化素养和综合素质的青少年篮球人才。

（一）构建体教融合的课程体系

将篮球运动技能和文化课程有机结合，形成体教融合的课程体系。在体育课程中，加强篮球基本技术、战术和体能训练，提高学生的篮球运动水平。同时，注重文化课程的学习，确保学生在掌握篮球技能的同时，也具备扎实的文化基础。

（二）实施"一校一品"战略

各学校根据自身条件和特点，打造具有特色的篮球品牌。通过举办篮球

赛事、开展篮球文化活动等形式，营造良好的篮球氛围，激发学生的篮球兴趣和热情。

强调每个学校都要有自身的篮球教学特色和侧重点，通过这一模式可以在各个学校之间建立起良性的竞争关系，促进篮球教学活动的深入开展。

（三）加强师资队伍建设

引进和培养具有篮球专业背景和教育教学能力的教练，建立一支高水平的篮球师资队伍。同时，加强教练培训和交流，提高教练的教育教学水平和专业素养。师资力量是决定体教融合最终实施质量的最核心因素。因此，必须尽早提高师资水平，构建长期有效的人才培养机制，加大奖惩力度，激发教练的积极性，带动整个篮球教学的有力开展。

（四）完善选材与培养机制

建立科学的选材机制，通过测试来选拔具有潜力的篮球后备人才。针对不同年龄和水平的学生，制订个性化的培养方案，进行系统的训练和培养。同时，加强与职业篮球俱乐部的合作，为优秀学生提供更多的发展机会。人才的培养离不开良好的环境，通过完善选材机制，为具有篮球天赋的青少年创造更多被发现的机会，并创造良好的篮球人才培养环境，助力他们顺利成长。

（五）注重心理素质和团队合作能力的培养

在培养过程中，注重培养学生的心理素质和团队合作能力。通过心理训练和团队活动，提高学生的自信心、抗挫折能力和团队协作能力，为他们在未来的篮球事业中取得更好的成绩打下坚实基础。

（六）建立评价与反馈机制

建立科学的评价和反馈机制，定期对学生的篮球技能、文化成绩和综合素质进行评价。根据评价结果及时调整培养方案，确保学生能够得到全面、有效的培养。同时，也要指导学生掌握基本的自我评价能力，养成良好的自我评价习惯，提高自主驱动、自主引导的学习能力。

第四节 推动篮球运动后备人才培养可持续发展的路径探索

推动篮球运动后备人才培养的可持续发展是一项系统性工程，需要多方协同合作，共同打造良好的人才培养环境。

一、完善竞赛制度

建立科学、公正的竞赛机制，确保比赛公平、公开、透明，为后备人才提供展示才华的平台。适当增加比赛次数，让更多青少年篮球运动员有机会参与到高水平比赛之中，积累比赛经验。设立针对不同年龄段的比赛项目，使后备人才在不同阶段都能参与适合自己的比赛。具体操作有如下几个方面。

（一）建立多元化竞赛体系

1.设立不同年龄段的赛事

根据后备人才的年龄和发育特点，设立不同级别的赛事，如青少年篮球联赛、校园篮球比赛等，以满足不同年龄段球员的参赛需求。

2.举办多种形式的比赛

除了传统的锦标赛、联赛等，还可以举办邀请赛、友谊赛、挑战赛等，以丰富比赛形式，提高球员的参与度和竞技体验。

（二）优化竞赛规则与评判标准

1.制定科学合理的竞赛规则

根据篮球运动的特点和后备人才的培养目标，制定符合实际的竞赛规则，确保比赛的公平、公正和公开。

2.完善评判标准

在评价球员表现时，除了考虑比赛成绩，更应注重对球员身体素质、技术水平、战术意识、心理素质等多方面能力的考察，以全面评估球员的综合素质。

（三）加强竞赛组织与管理

1.提高组织效率

优化赛事组织流程，提高组织效率，确保比赛顺利进行。同时，加强赛事安全管理，确保球员和观众的人身安全。

2.加强赛事监管

建立健全赛事监管机制，对比赛过程进行全程监督，确保比赛结果的公正性和真实性。对于违规行为给予相应的处罚，以维护比赛的公平性和秩序。

（四）鼓励社会参与和支持

1.吸引企业赞助

积极寻求社会力量的支持，鼓励企业参与篮球赛事的赞助和合作，为赛事提供资金、物资等方面的支持。

2.加强媒体宣传

利用媒体平台对篮球赛事进行广泛宣传，提高赛事的知名度和影响力，吸引更多人的关注和参与。

二、提升综合素质

重视文化教育在篮球后备人才培养中的作用，确保运动员在技能提升的同时，文化素养也能得到相应提高。建立文化课与篮球训练相结合的教学模式，使运动员在全面发展的同时保持对篮球运动的热爱和专注。

（一）加强文化教育

提升后备人才的综合素质，文化教育是基础。篮球运动员不仅需要具备优秀的运动技能，还需要有良好的文化素养和道德品质。因此，在培养过程中应重视文化教育，让运动员在掌握篮球技能的同时具备扎实的文化知识和良好的道德品质。

（二）强化体能训练

篮球运动对运动员的身体素质要求极高，因此体能训练是必不可少的，而且要贯穿运动员职业生涯，即只要还在参加比赛，就要坚持日常体能训练。通过科学的体能训练，可以提高运动员的身体素质，包括力量、速度、耐力、灵敏度和柔韧性等，为他们在比赛中发挥出色的技术水平奠定坚实的基础。

（三）注重技能培养

除了体能训练，技能培养也是培养篮球后备人才的重要方面。通过系统的技能训练，帮助运动员掌握篮球运动的基本技术和战术，提高他们在比赛中的竞技水平。同时，还应注重培养运动员的创新能力，让他们在比赛中能够灵活应对各种情况。

（四）加强心理训练

心理素质对于运动员在比赛中的表现具有重要影响。因此，在培养篮球后备人才的过程中应重视心理训练，帮助运动员建立自信心，克服紧张情绪，保持冷静和专注。通过心理训练，可以提高运动员的抗压能力，使他们在关键时刻能够发挥出最佳水平。

（五）优化教练团队

优秀的教练团队是培养篮球后备人才的关键。应选拔具有丰富经验和专业素养的教练，组成优秀的教练团队，为运动员提供科学的指导和训练。同时，还应加强教练员的培训和进修，提高他们的执教水平，确保后备人才培养的质量。目前，国家对篮球运动项目越来越重视，在交流培养方面也加大了扶持力度，希望在不远的明天，有更多的优秀教练员出现，为我国篮球事业发展发挥更为积极的作用。

（六）拓宽国际视野

随着国际交流的日益频繁，拓宽国际视野对于培养篮球后备人才具有重要意义。可以组织运动员参加国际比赛和交流活动，让他们了解不同国家和地区的篮球文化和风格，提高他们的竞技水平和国际竞争力。尤其现在有很多的俱乐部交流活动、友谊赛等，通过多参加国外的比赛和交流能够促进青少年后备人才的快速成长，不仅让他们增长见识，还能有机会与高水平篮球运动员进行直接的交流，这对他们的全面成长具有重要的激励作用。

三、加强教练员队伍建设

建立严格的教练员选拔和培训制度，确保教练员具备专业的教学能力和良好的职业素养。鼓励教练员参加国内外专业培训，提升教学水平，引入先进的教学方法和理念。建立教练员评价体系，对教练员的教学成果进行定期评估，激励他们不断提高教学质量。

（一）选拔优秀人才

选拔具有丰富篮球经验、出色教学能力和高度责任感的教练，无疑是构建优秀教练团队的基础。这样的教练不仅能够在技术和战术上给予运动员专业的指导，更能在心理和情感层面给予他们足够的支持和鼓励。他们丰富的篮球经验意味着能够深入了解运动员在训练和比赛中的现实需求,提供更有针对性的指导;他们的出色教学能力能够确保运动员快速吸收和掌握新知识、新技能;高度责任感则保证了教练能够全心全意地投入教学和训练,为运动员的成长付出努力。

一个优秀的教练团队应拥有不同年龄、经验和专业背景的教练,这样的团队构成能够优势互补,更好地满足后备人才的多元化需求。年轻的教练通常充满活力、敢于创新,能够带给运动员新的视角和理念;经验丰富的教练则能够稳定军心,提供成熟的指导,帮助运动员克服各种困难和挑战;具有不同专业背景的教练则能够带来不同的教学方法和策略,丰富教学内容,提升教学效果。

在组建这样的教练团队时,还需要注重团队内部的沟通和协作。不同年龄、经验和专业背景的教练可能会有不同的观点和方法,但可以通过有效的沟通和协作相互学习、相互支持,共同为后备人才的培养贡献力量。

为了保持教练团队的活力和竞争力,还需要定期进行人员调整和补充。对于表现优秀的教练,可以给予晋升和奖励;对于表现不佳的教练,则需要进行培训和指导,或者进行岗位调整。同时,也要积极引进新的教练人才,为团队注入新的活力和血液。

(二)加强培训和学习

定期开设教练员培训班是提升篮球教练员执教水平的重要举措。通过培训,教练员可以系统地学习篮球教学理论知识,掌握先进的教学理念和方法,为后备人才的培养提供科学、有效的指导。

在培训过程中,学校和企业可以邀请国内外知名篮球教练和专家前来授课。这些教练和专家具有丰富的教学经验,能够分享他们在篮球运动领域的最新研究成果和实践经验。通过与他们的交流,教练员可以深入了解篮球运动的发展趋势,掌握最新的技术和战术理念。

培训班还可以设置实践操作环节,让教练员通过亲身参与和体验,更好地掌握教学技巧和方法。这种理论与实践相结合的方式能够大幅提升培训效果,让教练员真正学有所获、用有所成。

此外,鼓励教练员参加国内外篮球赛事和交流活动也是提升其执教水平的重要途径。通过参与赛事和交流活动,教练员可以拓宽视野,了解不同国家和地区的篮球文化和发展水平,学习借鉴先进经验。同时,与其他国家和地区的教练员进行交流和合作,还可以促进国际篮球运动的交流与发展。

(三) 建立激励机制

制定合理的薪酬制度和奖励机制,是激发教练员工作热情和积极性的重要手段。制定薪酬制度应该根据教练员的职责、工作量、教学效果等因素进行综合考虑,确保他们的付出得到合理的回报。同时,奖励机制也应该与教练员的表现紧密挂钩,对于表现优秀的教练员,应该给予物质和精神上的双重奖励,如提高薪资待遇、发放奖金、授予荣誉称号等,以表彰他们的辛勤付出和卓越成绩。

除了薪酬和奖励,关注教练员的职业发展也是激发他们工作热情的关键环节。教练员的成长和进步离不开持续的学习和进修。因此,学校和企业应该为教练员提供晋升和进修的机会,让他们能够不断提升自己的专业素养和教学水平。通过参加培训、研讨会等活动,教练员可以接触到最新的教学理念和方法,拓宽自己的视野和思路,为后备人才的培养注入新的活力。

当然,对于教练员的激励,不应仅停留在物质层面,精神上的鼓励同样重要。对于他们的辛勤付出和取得的成绩,应该及时给予肯定和表扬,让他们在精神上得到满足。同时,为他们营造一个公平、公正的工作环境,让他们能够全身心地投入教学和训练中。

(四) 加强团队建设和协作

加强教练团队内部的沟通和协作,对于提升篮球后备人才的培养质量至关重要。一个优秀的教练团队,不仅需要具备专业的知识和技能,更需要有良好的沟通和协作能力。通过加强团队内部的交流，教练可以分享彼此的教学经验和训练方法，共同解决在教学和训练过程中遇到的问题。这种互相学习、互相帮助的氛围有助于提升整个团队的执教水平，为后备人才提供更优质的教学服务。

营造良好的工作氛围是教练团队内部沟通和协作的基础。教练应该相互尊重、信任和支持，形成一个团结、和谐的团队。在团队中，每个教练都应该发挥自己的特长，为团队的发展贡献自己的力量。同时，也应该注重培养教练的团队意识和协作精神，让他们能够在工作中相互配合、协同作战。

加强与运动员、家长和相关部门的沟通也是非常重要的。通过与运动员的沟通，教练可以更好地了解他们的需求和想法，为他们提供更贴心的指导；通过与家长的沟通，教练可以建立更好的家校合作关系，共同关注孩子的成长；通过与相关部门的沟通，教练可以获得更多的支持和资源，为后备人才的培养创造更好的条件。

（五）借助科技手段提高教学效果

在现代篮球教学和训练中，科技手段的运用已经成为提升执教水平和训练效果的关键。数据分析、虚拟现实等先进技术的应用不仅为教练员提供了更为精准、全面的教学依据，也极大地丰富了运动员的训练体验，提升了他们的训练效果。

数据分析在篮球教学和训练中发挥着举足轻重的作用。通过对运动员的训练数据、比赛表现等进行深入挖掘和分析，教练员可以更加准确地了解运动员的技术特点、体能状况、心理状态等，制订出更具针对性的训练计划。同时，数据分析还能帮助教练员及时发现运动员在训练或比赛中存在的问题，调整教学策略，提高训练质量。

虚拟现实技术为运动员提供了一个沉浸式的训练环境。通过虚拟现实设备，运动员可以模拟各种比赛场景，进行实战演练。这种训练方式不仅能够帮助运动员提前适应比赛节奏和氛围，还能让他们在实践中不断总结经验，提升技术水平。此外，虚拟现实技术还能模拟出不同对手的特点和战术，让运动员在训练中提前了解并适应各种对手，为未来的比赛做好充分准备。

除了运用现代科技手段，关注篮球运动的最新发展趋势和研究成果也是提升教学和训练水平的重要途径。教练员需要时刻关注篮球界的最新动态，了解新的训练方法、战术理念等，以便将其应用到教学和训练中，不断提升后备人才的竞技水平。同时，学校和企业也可以加强与科研机构的合作，共同开展篮球相关的科研工作，推动篮球运动的创新和发展。

四、加强校企合作

建立校企合作的人才培养模式，为后备人才提供更多实践机会和职业发展路径。鼓励企业参与篮球后备人才培养，提供资金、场地等支持，推动篮球运动的普及和发展。

（一）共享资源与平台

在篮球后备人才培养方面，学校和企业之间的深度合作可以发挥巨大的协同效应。学校通过积极利用企业的场地、设施等资源，能够为篮球后备人才提供更为专业、优质的训练环境。企业往往配备了先进的篮球训练器材和专业的运动场地，能够满足不同年龄段、不同水平的篮球后备人才的训练需求。在这样的环境下，后备人才可以更加专注地投入训练，提升技术水平，磨炼比赛心态。

企业也能从与学校的合作中获益。学校拥有丰富的师资和教学经验，这些资源对于企业提升员工的篮球技术和综合素质具有极大的帮助。通过邀请学校的篮球教练或专家来企业举办讲座、培训，员工们能够学习到更为专业的篮球知识，提高个人的技术水平。这种合作模式不仅能够提升员工的个人素质，还能增强企业的凝聚力和向心力，为企业文化的建设注入新的活力。

学校和企业还可以共同举办篮球赛事、训练营等多样化的活动，为后备人才提供更多的展示和锻炼机会。这些活动不仅能够检验后备人才的训练成果，还能让他们在实践中积累比赛经验，提升比赛能力。同时，通过参与这些活动，后备人才还能结识到更多志同道合的小伙伴，进一步拓宽视野，增强团队协作能力。

（二）共同培养与管理

学校和企业之间的合作在篮球后备人才的选拔、培养和管理过程中发挥着不可或缺的作用。二者之间的合作不仅弥补了学校教育资源和企业实践经验的不足，而且实现了优势互补，共同为篮球后备人才的成长提供了有力支持。

在选拔阶段，学校和企业可以共同制定选拔标准，通过举办联合选拔活动，从众多青少年中挑选出具有潜力的篮球后备人才。学校凭借其完善的教育体系和丰富的教育资源，能够全面评估学生的综合素质和潜力；企业则凭借其在篮球领域的专业眼光和经验，能够精准识别出具有篮球天赋的青少年。

在培养阶段，学校和企业可以共同制订培养计划，提供全方位的培养方案。学校负责提供基础教育和文化课程，为学生打下坚实的知识基础，培养良好的文化素养；企业则提供专业的篮球技能和职业素养培训，通过专业的教练团队和先进的训练设备帮助学生提升篮球技能和职业素养，为未来的职业发展做好准备。

在管理阶段，双方还可以共同建立后备人才库，对人才进行分类管理，根据他们的特点和需求制订个性化的培养方案。同时，学校和企业还可以共同建立考核机制，对后备人才的训练成果进行定期评估和反馈。通过科学的评估，双方可以及时了解学生的训练情况，发现问题并进行有针对性的改进，提高培养质量。

这种合作模式不仅有助于提升篮球后备人才的培养质量，更能促进学校和企业之间的深度合作和共同发展。通过共同参与到篮球后备人才的选拔、培养和管理过程中，学校和企业可以建立起紧密的合作关系，实现资源共享和优势互补，共同推动篮球运动的繁荣和发展。

（三）推动产学研一体化发展

学校与企业之间的合作，在篮球领域可以发挥出巨大的潜力。双方不仅可以共同举办赛事、开展文化交流，更可以深入科研和技术创新层面，共同推动产学研一体化发展。

在科研方面，学校拥有专业的师资团队和丰富的学术资源，可以对篮球运动的技术、战术、训练方法等进行深入研究。企业则拥有实践经验，能够为科研工作提供方向和目标。双方可以共同设立科研项目，探讨篮球运动的前沿技术，研发新的训练方法，协力提升篮球运动的科学性和实效性。

在技术创新方面，企业可以依托学校的科研成果，将新技术应用到篮球产品的设计和生产中，提升产品的质量和性能。同时，学校也可以借助企业的技术和设备为学生提供更好的实践环境和条件，让学生在实践中学习和掌握新技术。

这种产学研一体化的合作模式不仅可以提升企业的竞争力，推动篮球产业的健康发展，更能为篮球后备人才提供更多学习和实践的机会。通过参与科研项目和技术创新工作，学生可以接触到最新的科研成果和技术，了解篮球运动的发展趋势，提升自己的专业素养和实践能力。

这种合作模式还能促进学生的全面发展。学生在参与科研和技术创新的过程中不仅需要掌握专业知识，还需要具备良好的团队协作能力、创新思维和解决问题的能力。这些能力的培养对于学生的未来发展具有重要意义。

（四）加强文化交流与合作

学校与企业之间的深入交流与合作是推动社会多元化发展的重要途径，特别是在篮球后备人才的培养与发展方面，二者的结合显得尤为重要。通过举办文化交流活动，学校能够让学生接触到企业的运作模式和企业文化，而企业则能更直观地了解学校的教育理念和人才培养方式。这种互访交流不仅能够拓宽双方的视野，更能增进彼此间的了解和信任。

文化交流活动形式多样，比如学校可以组织学生参观企业的生产线，了解产品的制造过程，感受企业的创新精神；企业则可以邀请学校的师生参与其组织的篮球友谊赛、座谈会等，以球会友，共话发展。这些活动不仅能够增进双方的友谊，更能为未来的合作奠定坚实的基础。

在建立了良好的互信关系后，学校与企业在合作中便能更加顺畅地沟通和协作。学校可以根据企业的需求调整教学计划，增设与企业发展相关的课程，为企业输送更多符合需求的人才；企业则可以提供更多的实践机会和实习岗位，让学生在实际操作中提升技能、积累经验。

双方的合作不仅有助于篮球后备人才的培养，更能推动整个篮球运动的发展。学校与企业可以共同举办篮球赛事，设立奖学金，激励更多的学生投身篮球运动，培养更多的篮球人才。同时，企业也可以借助学校的资源开展篮球公益活动，提升企业的社会形象，履行社会责任。

五、优化资源配置

合理规划篮球训练场地和设施，确保后备人才有足够的训练空间和资源。

加大对篮球后备人才培养的投入力度，提高培养经费的使用效率，确保资金应用到最需要的地方。建立科学的选材和评估体系，对后备人才进行精准培养和个性化指导，提高培养效率和质量。

（一）加大资金投入力度

政府和社会各界应共同出资，设立专项资金，用于支持篮球后备人才的选拔、培训、比赛和奖励等方面。同时，还可以吸引更多的社会资本进入篮球后备人才培养领域，形成多元化的投入机制。在这方面可以借鉴国外的成功经验，让更多的社会力量加入进来，为篮球运动的发展和人才培养增添助力。

（二）优化场地设施建设

建设一批标准化、现代化的篮球场地和训练设施，为篮球后备人才提供良好的训练环境。同时，要加强对现有场地设施的维护和管理，确保其能够安全、有效地使用。良好的运动场地是运动员进行科学训练、安全运动的基础。因此，为了篮球后备人才的持续培养，应注重优化场地，为青少年创造一个相对理想的篮球学习和训练的物质环境。

（三）注重赛事资源的配置

组织举办各级各类篮球赛事，为篮球后备人才提供展示才华的舞台和锻炼机会。同时，要加强对赛事的监管，确保比赛的公平、公正和公开。逐渐开发出具有影响力的重要赛事品牌和培养相应的经营管理人才，从而让篮球赛事能够持续发展，不断传播篮球文化，培养青少年对篮球运动的兴趣。

（四）要加强文化教育资源整合

将篮球后备人才的培养与文化教育相结合，注重培养运动员的文化素养和综合素质。通过与学校、教育机构等合作，为篮球后备人才提供全面的教育支持。篮球后备人才能长久、稳定地发展，除了其运动天赋之外，还有更重要的一点就是后备人才的综合文化素质，这是保证运动员能够顺利通过日后的艰苦训练考验，应对竞争激烈的竞技领域考验的重要条件。

六、广泛开展国际交流与合作

加强与国际篮球组织的联系和合作，引进国际先进的篮球理念和训练方法。组织参加国际篮球赛事和交流活动，让后备人才有机会与世界各地的优秀运动员交流学习。借鉴国际篮球后备人才培养的成功经验，结合我国实际情况进行大胆创新和优化，是关键所在。

通过以上路径的探索和实施，可以逐步建立起一套科学、高效、可持续的篮球运动后备人才培养体系，为我国篮球运动的长期发展奠定坚实基础。比如，通过定期举办国际篮球友谊赛、训练营和交流活动，为我国的篮球后备人才提供与世界各国优秀球员直接交流和学习的机会。这不仅可以拓宽他们的国际视野，还可以提升他们的竞技水平和团队协作能力。此外，还可以邀请国外优秀的篮球教练和球员来我国进行指导和交流，同时也可以派遣我国的教练和球员到国外学习先进的篮球理念和技能。这种互访机制有助于双方互相学习、共同进步，进而提升各自的篮球水平。

第七章 篮球运动产业的理论分析与高质量发展

篮球运动产业在竞技体育高度成熟以及市场经济蓬勃发展的背景下，迎来了高质量发展的新机遇。本章将以篮球运动产业基本理论为基础，围绕我国篮球场馆经营、篮球用品销售、篮球培训业以及篮球竞赛表演业等重点部分展开研究。

第一节 篮球运动产业基本理论

一、篮球产业的概念

篮球产业是篮球运动中能按产业方式运作并向社会提供产品的具有篮球运动属性的生产经营活动的部门或集合。

二、篮球产业的特点

（一）产业关联性极强

篮球运动产业的产业关联性极强，这一特点体现在多个方面。

从产业链的角度来看，篮球运动产业涉及众多领域，包括体育赛事举办、球员培训、俱乐部运营、篮球用品生产和销售、媒体传播以及篮球文化推广等。这些环节相互依存、相互促进，形成了一个庞大的产业链。

在赛事举办方面，篮球比赛不仅吸引了大量观众和赞助商，也促进了体育场馆、票务、安保等相关业务的发展。球员培训和俱乐部运营则涉及青少年篮球教育、职业球员培养以及俱乐部品牌建设等多个方面，这些都对篮球运动的长期发展具有重要影响。

篮球用品生产和销售是篮球运动产业中的重要一环。篮球、球衣、球鞋等用品的生产和销售不仅为相关企业带来了丰厚的利润，也推动了体育制造业的发展。同时，这些用品的设计和生产反映了篮球运动的文化和风格，进一步推动了篮球文化的传播。

媒体传播在篮球运动产业中扮演着举足轻重的角色。电视、网络等媒体平台通过直播比赛、报道新闻、制作专题节目等方式，将篮球运动传播到千家万户，提高了篮球运动的知名度和影响力。同时，媒体传播为篮球运动产业带来了广告收入和商业合作机会。

此外，篮球文化推广也是篮球运动产业不可或缺的一部分。通过举办篮球文化节、篮球主题活动，可以进一步普及篮球知识、弘扬篮球精神、增强人们对篮球运动的认同感和归属感。

（二）产值较高

在各项体育运动产业中，篮球产业属于产值较高的运动项目。篮球具有广泛的群众基础和庞大的市场需求，在全球范围内拥有众多的爱好者和观众，特别是在一些篮球强国，篮球文化深入人心，人们对于篮球比赛、篮球用品以及相关服务的需求十分旺盛。这种庞大的市场需求为篮球产业提供了广阔的发展空间，使篮球产业能够创造出较高的产值。

因此，篮球赛事的商业价值巨大。大型篮球赛事如NBA、CBA等，不仅吸引了大量观众观看比赛，也吸引了众多赞助商和广告商的投资。这些赛事通过门票销售、广告赞助、电视转播权等方式实现了高额的商业收入，为篮球产业带来了巨大的经济效益。

在篮球赛事获得巨大商业成功的基础上，篮球用品和相关服务的市场也十分繁荣。篮球用品如篮球、球鞋、球衣等，不仅种类繁多，而且更新换代迅速，这为篮球用品制造商提供了源源不断的商机。同时，篮球培训、俱乐部运营、媒体传播等相关服务也随着篮球运动的发展而不断壮大，为篮球产业贡献了大量的产值。

不仅如此，篮球产业还具有较高的附加值。篮球运动不仅是一项竞技运动，更是一种文化现象和社交活动。通过篮球运动，人们可以结交朋友、增进友谊，也可以展示个人才华和团队精神。因此，篮球产业在提供物质产品的同时提供了丰富的精神文化产品，这些产品具有较高的附加值，进一步提升了篮球产业的产值。

（三）高度开放性和国际化

篮球产业在全球范围内具有广泛的参与者和观众。篮球运动已经超越了地域和文化的界限，成为全球最受欢迎的体育运动之一。不同国家和地区的球队、球员和赛事频繁进行交流和合作，共同推动了篮球运动的全球发展。

在国际化方面，篮球产业也成绩显著，无论是在赛事的举办上还是运营上，如NBA、FIBA等都是全球知名的篮球赛事。每年这一类赛事都会云集世界最顶尖的球员参加比赛，为全球篮球爱好者带来精彩的比赛。这些赛事在为球员提供才华展示机会的平台，以及为球迷带来较强的比赛体验同时，还促进了篮球产业的全球化发展，使篮球产业成为一个真正意义上的国际产业。

此外，篮球产业的国际化还体现在篮球用品和相关服务的跨国经营上。许多知名的篮球品牌，如Nike、Adidas等，在全球范围内开展业务，为篮球爱好者提供高质量的篮球用品。同时，篮球培训、俱乐部运营等服务也逐渐实现跨国合作，为篮球产业的国际化发展提供了有力条件。

在与其他产业的融合方面，篮球与媒体、旅游、娱乐等多个产业密切相关，通过跨界合作和资源整合实现了产业的互利共赢。这种融合不仅推动了篮球产业的快速发展，也为其他产业带来了新的发展机遇。

三、篮球产业的价值

（一）经济价值

篮球赛事的举办和转播能够吸引大量的观众和赞助商，为相关企业和品牌带来曝光机会和商业价值。同时，篮球用品和相关服务的销售也形成了一个庞大的市场，为产业链上的各个环节创造了丰厚的利润。此外，篮球产业还带动了相关产业的发展，如体育场馆建设、媒体传播、旅游业发展等，进一步推动了经济增长。

（二）社会文化价值

篮球运动作为一个全球性的体育项目，具有广泛的参与性和传播性。它能够促进不同国家和地区之间的文化交流和相互理解，有助于增强民族自豪感和文化认同感。同时，篮球运动所倡导的团结、拼搏、进取等精神也能够激发人们的积极性和正能量，对社会文化的建设具有积极的推动作用。

（三）健康价值

篮球运动作为一项全身性的运动，能够锻炼人们的身体各个部位，全面提高身体素质和免疫力。同时，篮球运动还能够缓解压力、调节情绪，有助于保持心理健康。因此，推广篮球运动对于提高人们的健康水平和生活质量具有重要作用。

第二节　我国篮球场馆服务业现状与高质量发展

一、篮球场馆服务业的概念

篮球场馆服务业是指为满足篮球竞赛表演和观众欣赏的需求，为篮球竞赛表演提供场所和服务的部门的集合。

二、我国篮球场馆服务业的现状

（一）市场规模与需求增长

随着国民健康意识的增强和体育产业的快速发展，篮球运动在我国越来越受欢迎。这不仅推动了篮球场馆数量的增加，也促进了篮球场馆服务业的发展。越来越多的篮球爱好者选择进入专业场馆进行训练和比赛，这为篮球场馆服务业带来了巨大的市场需求和商机。

（二）服务质量提升

为了满足消费者的需求，篮球场馆在服务质量方面给予了大量的投入。许多场馆不仅提供了优质的篮球场地和设施，还增加了洗浴、餐饮、娱乐等配套设施，为消费者提供一站式的服务。

（三）经营模式多样化

篮球场馆服务业的经营模式也日益多样化。除了传统的按小时收费或包场收费外，一些场馆还推出了会员卡、团体优惠等营销策略，以吸引更多的消费者。同时，一些场馆还积极拓展篮球培训、赛事组织等业务，进一步拓宽经营渠道。

（四）互联网与智能化发展

随着互联网的普及和智能化技术的应用，篮球场馆服务业也逐渐实现了线上线下的融合，使消费者可以通过互联网预订场地、购买门票、参加活动等，提高了服务的便捷性和效率。此外，一些场馆还引入了智能化管理系统，实现了对场地使用、人员流量等数据的实时监控和分析，为场馆的运营和管理提供了有力的数据支持。

（五）场地广告与经营趋势向好

1.场地广告

篮球场馆作为体育赛事和活动的举办地，具有极高的曝光率和可观的人流量，因此成为众多品牌和企业进行广告宣传的重要平台。目前，篮球场馆的广告形式主要包括场地广告、票面广告、LED显示屏广告等。其中，场地广告是最为常见的一种形式，通过在球场周围设置广告牌、横幅等，将品牌信息直接展示给观众。票面广告则是将广告信息印制在球票上，让观众在购票和观赛过程中接触到广告信息。LED显示屏广告则是利用现代科技手段，在球馆内设置大型LED显示屏，播放品牌广告和视频内容。

2.场馆经营

篮球场馆的经营模式逐渐多元化，除了传统的门票收入外，场馆还通过赞助、广告、特许经营、赛事转播权销售等多种方式获取收入。同时，一些大型篮球场馆还积极开发场馆的附属设施和服务，如餐饮、购物、娱乐等，为观众提供更全面的服务。此外，随着互联网和智能科技的发展，篮球场馆也开始尝试线上销售和数字化营销，通过官方网站、社交媒体等渠道，持续扩大品牌影响力和市场份额。

三、我国篮球场馆服务业的挑战

我国篮球场馆服务业面临着多方面的挑战，这些挑战既来自行业内部环境，又来自行业外部环境。

（一）市场竞争加剧

随着体育产业的快速发展，越来越多的资本和企业进入篮球场馆服务业，使市场竞争日益激烈。这不仅要求篮球场馆提高服务质量，提升消费者体验，还需要在市场营销、品牌建设等方面不断创新，以吸引和留住客户。

（二）运营成本上升

篮球场馆的运营成本包括场地维护、设备更新、人员工资等多个方面。随着物价和人力成本的上涨，这些费用也在不断增加，给篮球场馆的运营带来压力。如何在保证服务质量的前提下有效控制成本是篮球场馆服务业面临的一个主要问题。

（三）消费者需求多样化

消费者的需求日益多样化，对篮球场馆的服务提出了更高的要求。除了满足基本的篮球训练和比赛需求外，消费者还希望获得更丰富的配套服务，如餐饮、娱乐、健身等。这要求篮球场馆在提供基本服务的同时不断拓展业务范围，全方位满足消费者的多元化需求。

（四）技术与管理的挑战

随着互联网和智能化技术的快速发展，篮球场馆需要不断提升信息化水平，提高运营效率。同时，场馆管理也需要更加科学和规范，以适应现代服务业的发展要求。然而，目前一些篮球场馆在技术和管理方面还存在不足，需要加大投入力度并逐步改进。

（五）政策与法规的影响

我国对于相关场所的政策与法规的变化可能给篮球场馆服务业带来挑战。例如，政府对体育产业的支持政策可能发生变化，或者对体育场馆的经营管理提出新的要求。因此，篮球场馆需要及时关注政策动态，调整经营策略，以应对可能出现变化。

四、我国篮球场馆服务业高质量发展的路径

我国篮球场馆的服务业应紧跟时代发展步伐，满足社会大众对篮球运动的娱乐、健身和消费的需要。以下是一些具有可行性的发展策略，能够促进我国篮球场馆服务业的高质量发展。

（一）改善场馆的设施条件

我国篮球场馆服务业的高质量发展，离不开对场馆设施条件的改善。这不仅是满足日益增长的观众需求和提高观赛体验的必要举措，更是提升篮球场馆服务水平和综合竞争力的重要手段。

1.提升硬件设施的质量

更新和升级场地、灯光、音响、看台等，确保比赛的顺利进行和观众的舒适体验。例如，场地应平整、防滑、耐磨，确保球员的运动安全；灯光应明亮、均匀，为比赛提供充足的照明；音响系统应清晰、立体，为观众带来震撼的听觉享受；看台则应宽敞、舒适，为观众提供良好的观赛视角和座位空间。

2.提升场馆设施的智能化和信息化水平

通过引入智能票务系统、智能安防系统、智能导览系统等，提高场馆的管理效率和服务质量；通过运用大数据分析、云计算等技术手段，对场馆的运营数据进行实时监测和分析，为决策提供科学依据，进一步提升场馆的服务水平和综合竞争力。

3.注重与城市的整体规划和发展相协调

篮球场馆作为城市的重要体育设施，其建设和发展应充分考虑城市的经济、文化和社会等多种因素。例如，场馆的位置应便于观众前往，交通便捷；场馆的设计风格应与城市的整体风貌相协调，体现城市的特色和文化底蕴。

（二）加强场馆的软服务能力

我国篮球场馆服务业的高质量发展，除了依赖硬件设施的升级完善外，更需要注重软服务能力的提升。软服务能力涵盖了一系列与观众体验、服务细节和场馆管理密切相关的因素，它们对于提升场馆的整体竞争力、吸引力和观众满意度具有至关重要的作用。

1.加强员工的专业培训

员工是场馆服务的直接提供者，他们的专业素养和服务态度直接影响到观众对场馆的整体印象。因此，场馆应定期组织员工参与专业技能和服务礼仪培训，确保他们具备扎实的业务知识和良好的服务态度。同时，还应建立激励机制，鼓励员工主动创新，提供更优质的服务。

具体来讲，包括加强员工培训、完善服务流程、优化服务细节等方面。员工应具备良好的职业素养和服务意识，能够为观众提供热情、周到的服务；服务流程应简洁、高效，确保观众能够快速、便捷地享受到各项服务；服务细节则应注重人性化和个性化，如提供无障碍设施、设立母婴室、提供餐饮服务等，以满足不同观众的需求。

2.注重提升观众体验

观众是场馆服务的核心对象,他们的满意度是衡量场馆服务质量的重要标准。为此,场馆应从观众的角度出发,优化服务流程,提升服务效率。例如,可以设立便捷的购票和入场系统,减少观众等待时间;提供舒适的观赛环境和设施,确保观众能够获得愉悦的观赛体验;同时,还可以提供多样化的餐饮和娱乐服务,以满足观众的不同需求。

(三)建立完善的经营评价体系

经营评价体系不仅能够帮助场馆全面、客观地了解自身的运营状况,还能为决策提供科学依据,推动整体服务质量的持续提升。

1.需要明确评价目标和指标

评价目标主要是提高场馆的经营效益、服务质量和市场竞争力,因此要确保评价体系能够全面反映场馆的运营状况。评价指标应具体、可量化,应包括场馆的收入、支出、观众满意度、赛事举办数量和质量等信息,以便对场馆的各个方面进行准确评估。

2.建立多维度的评价体系

除了关注经济指标外,还应注重社会效益、环境影响等方面的评价。例如,可以评估场馆在推动当地经济发展、提升城市形象等方面的贡献,以及场馆在环保、节能等方面的表现,这样能够更全面地反映场馆的综合价值,为决策提供更为全面的参考。

3.引入第三方评价和社会监督

第三方评价机构具有专业性和客观性等特点,能够对场馆进行更为公正、准确的评价。社会监督则可以通过公众调查、媒体报道等方式,让更多的人参与到评价过程中来,全面提高评价的透明度和公信力。

4.提升评价效率和质量

通过建立信息化平台,可以实现数据的实时采集、分析和展示,提高评价的准确性和时效性。同时,还可以利用大数据、人工智能等技术手段,对评价数据进行深入分析,为决策提供更加可靠的建议。

(四)加强风险管理

风险管理是确保场馆稳定运营、减少潜在损失并提升整体服务质量的关键环节。

1.深化对风险的认识与理解

篮球场馆的运营涉及多个方面,包括设施维护、赛事组织、观众服务、安全保障等,每个环节都可能面临潜在的风险。因此,场馆管理层和普通员工都应全面强化风险防控意识,深刻认识到风险无处不在,并时刻保持警惕。通过定期的风险教育和培训,提升全体员工对风险的识别、评估和处理能力。

2.建立完善的风险管理制度和流程

制定明确的风险管理政策,确保风险管理活动有章可循。建立风险识别、评估、监控和应对的完整流程,确保在风险发生时能够迅速、有效地作出响应。同时,将风险管理纳入场馆的日常运营中,形成常态化的工作机制。

3.注重风险预警与预防

通过收集和分析各类数据,及时发现潜在的风险点,并采取相应的预防措施。例如,对场馆设施进行定期检查和维护,预防因设施故障引发的安全事故;对赛事活动进行周密策划和组织,预防因管理不善而导致的混乱和纠纷。

4.加强与其他场馆和行业的交流合作

借鉴其他场馆的风险管理经验和做法,共同探讨应对风险的策略和方法。通过行业间交流和合作,共同提升整个篮球场馆服务业的风险管理水平。

5.强化风险管理的文化建设

将风险管理理念融入场馆的企业文化建设中,使之成为员工共同遵守的价值观和行为准则。通过举办风险管理主题活动、设立风险管理奖励机制等方式,激发员工参与风险管理的积极性和主动性。

(五)加大无形资产的开发力度

无形资产,如品牌、专利、商誉等,对于提升场馆的市场竞争力、增加经营收益以及推动场馆可持续发展具有深远影响。

1.加强品牌建设是开发无形资产的核心

品牌是篮球场馆的重要资产,代表了场馆的形象、声誉和市场地位。因此,场馆需要积极建立和维护自身的品牌形象,通过独特的标识、口号和视觉形象,形成鲜明的品牌特色。同时,通过举办高质量的赛事活动、提供优质的服务,以及加强与社会各界的合作,不断提升品牌的知名度和美誉度。

2.注重知识产权的保护和利用

篮球场馆在运营过程中可能会产生一些创新性的理念、技术或方法,这些都可以申请专利或商标保护。通过保护知识产权,场馆可以确保自身的创新成果得到合法使用,防止被他人侵权。同时,场馆还可以积极进行知识产权的商业化运作,如技术转让、合作开发等,从而获取更多的经济收益。

3.提升场馆的商誉和文化价值

商誉是场馆在长期运营过程中积累的良好声誉和信任度,是吸引观众和合作伙伴的重要因素。因此,场馆要注重提升自身的商誉,通过诚信经营、优质服务等方式，持续赢得公众的认可和信赖。同时，场馆还可以挖掘和传承自身的文化价值，如历史渊源、地域特色等，形成独特的文化魅力，吸引更多观众和游客前来体验。

4.加强无形资产的宣传和推广

通过媒体宣传、网络营销、社交媒体推广等方式，将场馆的品牌形象、知识产权和文化价值广泛传播，提高其在市场上的知名度和影响力。同时，与相关产业企业进行合作，共同推广篮球场馆的无形资产，形成产业联动效应，推动整个篮球产业的繁荣发展。

（六）大力培养场馆经营管理人才

我国篮球场馆服务业的高质量发展，离不开对经营管理人才的大力培养。这些人才不仅是推动场馆业务增长和提升服务品质的核心力量，也是确保场馆稳健运营和实现可持续发展的关键所在。

1.明确人才培养目标和需求

明确场馆经营管理人才的培养目标和需求，包括确定所需人才的数量、专业背景、技能水平以及未来发展方向等。通过深入分析场馆业务特点和发展趋势，可以更加精准地定位人才培养需求，为制订培养计划提供依据。

2.制订全面的人才培养计划

针对人才培养需求，应制订全面的人才培养计划。该计划应涵盖课程设置、实践教学、实习实训等多个环节，确保学员能够全面掌握场馆经营管理所需的知识和技能。同时，还应注重培养学员的创新能力和实践能力，以适应不断发展变化的市场环境。

3.加强校企合作与产学研结合

校企合作和产学研结合是培养经营管理人才的有效途径。通过与高校、研究机构等合作，可以共享资源、优势互补，共同推动人才培养工作。例如，可以开展联合办学、共建实训基地等项目，为学员提供实践机会和就业渠道。

4.建立激励机制和职业发展通道

为了吸引和留住优秀的经营管理人才，应建立完善的激励机制和职业发展通道，包括提供具有竞争力的薪资待遇、福利待遇以及晋升机会等。同时，还应关注员工的职业规划和成长需求，为他们提供个性化的培训和发展方案。

5.加强国际交流与合作

随着全球化进程的加速推进，国际交流与合作在人才培养中的作用日益凸显。通过与国际知名场馆、行业协会等建立合作关系，可以引进先进的经营管理理念和技术手段，进而提升我国篮球场馆服务业的整体水平。同时，还可以组织学员参加国际交流活动，拓宽他们的国际视野，提高跨文化沟通能力。

6.注重培养人才的综合素质

除了专业技能外，经营管理人才还应具备良好的综合素质，包括沟通能力、团队协作能力、领导力以及解决问题的能力等。因此，在人才培养过程中应注重培养学员的综合素质，通过案例分析、角色扮演等方式提高他们的实践能力和综合素质。

第三节　我国篮球用品销售业现状与高质量发展

一、篮球用品销售业的概念

篮球用品销售业是指卖方通过篮球这一运动项目所需的各种用品的市场供货进行有利交换的各种相互关联活动的集合。

二、我国篮球用品销售业的现状

（一）我国篮球用品销售业的整体现状

1.市场规模持续扩大

随着篮球运动的普及和篮球文化的深入人心，越来越多的消费者开始关注并购买篮球用品。篮球用品市场的规模不断扩大，预计未来几年仍将保持增长态势。

2.个性化与专业化需求增加

消费者对篮球用品的需求越来越个性化和专业化。例如，篮球鞋的设计和款式越来越多样化，能够满足不同消费者的审美和性能需求。同时，一些专业的篮球用品店也开始在功能性上加以改进，如提供更加精准的球鞋尺码测量服务等。

3.电子商务成为重要销售渠道

随着电子商务的快速发展,越来越多的消费者选择在网上购买篮球用品。这为消费者提供了更加便捷、丰富的购物渠道,同时也推动了篮球用品市场的进一步发展。

4.品牌意识增强

消费者在购买篮球用品时,越来越注重品牌。知名品牌凭借其良好的口碑、优质的产品和服务,赢得了消费者的信任和喜爱。同时,一些新兴品牌也通过创新设计和营销策略,逐渐在市场中占据一席之地。

5.年龄和性别差异明显

篮球用品的消费群体呈现出一定的年龄和性别差异。年轻人是篮球用品的主要消费群体,他们追求时尚、个性,强调性能;中老年人则更注重舒适度和实用性。此外,虽然参与篮球运动的大部分为男性,但女性消费者的购买力也不容小觑,她们在篮球用品消费群体中的占比正逐年增高。

(二)我国篮球用品的地域消费现状

1.一线城市消费领先

一线城市如北京、上海、广州、深圳等,由于经济发展水平较高,人口密集,且体育文化氛围浓厚,篮球用品消费市场尤为活跃。这些城市的消费者对于篮球用品的需求量大,更倾向于购买品牌知名度高、设计新颖、性能卓越的产品。同时,一线城市拥有更多的篮球场馆和赛事活动,也进一步带动了篮球用品的消费。

2.东部沿海地区消费活跃

东部沿海地区如浙江、江苏、福建、山东等省份,由于经济发达,对外开放程度高,篮球用品市场也相对活跃。这些地区的消费者对于篮球用品的接受度高,购买力强,且消费习惯更加开放多元。

3.中西部地区消费潜力巨大

随着中西部地区经济的发展和城市化进程的加快，篮球用品的消费市场也在逐步扩大。虽然目前中西部地区的篮球用品消费水平相对较低，但消费潜力巨大。随着篮球运动的普及和体育文化的深入人心，预计未来这些地区的篮球用品消费市场将不断繁荣。

4.城乡消费差异明显

我国城乡经济发展水平和文化差异较大，这也造成了篮球用品消费的城乡差异。城市地区的消费者通常更容易接触到篮球运动和相关文化，篮球用品消费更为活跃；农村地区由于经济条件和文化氛围的限制，篮球用品消费相对较少。随着城乡差距的逐步缩小和农村体育设施的完善，农村地区的篮球用品消费市场也将逐步扩大。

5.区域特色消费趋势

不同地区由于文化背景、气候条件、消费习惯等因素的差异，也会呈现出不同的篮球用品消费特色。例如，南方地区由于气候炎热，消费者可能更倾向于购买透气性好、轻便的篮球鞋和服装；北方地区由于冬季寒冷，消费者可能更注重篮球用品的保暖性能。

（三）我国篮球用品销售渠道的现状

我国篮球用品的销售渠道呈现多样化的特点。传统的销售渠道包括体育用品商店、百货商场和专门的篮球用品店等，这些渠道仍然是消费者购买篮球用品的主要选择之一。在这些实体店中，消费者可以亲自挑选产品，试穿试用，并获得即时的购物体验。

随着电子商务的迅猛发展，线上销售渠道逐渐成为篮球用品销售的重要渠道。各大电商平台如淘宝、京东、天猫等提供了丰富的篮球用品选择，消费者在家中可以通过电脑或手机进行选购。线上销售具有便捷、快速、价格透明等优势，吸引了越来越多的消费者。

此外，社交媒体和直播平台的兴起也拓展了篮球用品销售渠道。许多篮球用品品牌和商家通过微博、抖音、快手等平台进行产品推广和销售，利用短视频、直播等形式展示产品特点和使用效果，持续吸引粉丝和潜在消费者的关注。同时，品牌官方网站和APP也成为篮球用品销售的重要渠道。一些知名品牌通过建立自己的线上商城，提供官方授权的篮球用品，保证产品的品质和售后服务，为消费者提供更加专业和可靠的购物体验。

需要注意的是，尽管线上销售渠道发展迅速，但传统实体店仍然具有一定的竞争优势。实体店可以提供更加直观的购物体验，消费者可以亲身感受产品的质量和舒适度，同时享受店内提供的售后服务和维修保养服务。

三、我国篮球用品销售业高质量发展的路径

（一）大力开发国内篮球品牌市场

随着篮球运动的普及和消费者对品质生活的追求，篮球用品市场呈现出蓬勃发展的态势。国内篮球品牌在这一市场中有着巨大的潜力和机会，但也面临着国际品牌的激烈竞争和市场变化带来的挑战。具体而言，应从以下几个方面着手应对挑战。

1.加强品牌建设和市场推广

国内篮球品牌应该注重提升产品质量和设计水平，打造具有国际竞争力的产品线，满足消费者多样化的需求。同时，加强品牌营销和宣传，通过线上线下渠道提高品牌知名度和影响力，树立品牌形象和口碑。

2.注重产品研发和创新

篮球用品市场日新月异，消费者对于产品的性能、功能和设计都有着更高的要求。国内篮球品牌应该加大研发投入力度，积极推动创新，主动推出

符合市场趋势和消费者需求的新产品，不断提升品牌竞争力和市场占有率。

3. 加强与国际品牌的合作与交流

通过与国际品牌的合作，可以引进先进的技术和管理经验，提升国内品牌的研发水平和市场竞争力。同时，也可以学习国际品牌的市场策略和营销手段，为自己的市场发展提供更多的参考和借鉴。

4. 注重渠道拓展和服务提升

积极开拓线上销售渠道，利用电商平台和社交媒体等新兴渠道进行产品销售和推广。同时，加强售后服务，提升客户体验，强化消费者满意度和忠诚度，为品牌的长期发展奠定坚实的基础。

（二）积极开拓国际市场

促进我国篮球用品销售业高质量发展并积极开拓国际市场，是一项具有战略意义的任务。这不仅可以提升国内篮球品牌的国际竞争力，还可以进一步扩大我国篮球用品的市场规模，实现产业的可持续发展。

1. 尽快提升国内篮球产品的质量和设计水平

与国际品牌相比，国内品牌应更加注重产品的创新性和个性化，以满足不同国家和地区消费者的需求。同时，加强与国际先进企业的技术引进和合作，提升产品的科技含量和附加值，使国内篮球用品在国际市场上具有更强的竞争力。

2. 深入了解国际市场的需求和趋势

通过市场调研和分析，了解各国消费者的喜好、购买习惯和市场规模，为产品设计和营销策略的制定提供有力支持。同时，积极参加国际展览和交流活动，与国际同行建立广泛联系和深度合作，拓展销售渠道和合作伙伴。

3.加强品牌建设和营销推广

国内篮球品牌应加大在国际媒体和社交平台上的宣传力度，提升品牌知名度和影响力。通过与国际知名运动员或球队的合作，进行品牌代言和形象宣传，提高品牌的国际认可度。同时，注重本土化营销，根据不同国家和地区的文化背景与消费习惯，制定更具针对性的营销策略，提高市场的接受度和认可度。

4.关注国际市场的法律法规和贸易政策

了解并遵守目标市场的进口规定、质量标准和知识产权保护等法律法规，避免因违规操作而引发的风险和损失。同时，积极寻求政府和相关机构的支持和帮助，利用国际贸易协定和优惠政策，降低贸易壁垒和成本，提高国际市场的竞争力。

（三）进一步开发线上销售市场

进一步开发线上销售市场，对于促进我国篮球用品销售业的高质量发展具有重要意义。随着互联网的普及和电子商务的快速发展，线上销售已经成为篮球用品销售的重要渠道之一。

1.加强线上平台的建设和优化

篮球用品品牌应该建立自己的官方网站或在线商城，并定期对其进行更新和维护，确保平台运行稳定、流畅。同时，要注重提升网站或商城的用户体验，提供简洁明了的界面、便捷的购物流程和完善的售后服务。

2.利用电商平台和社交媒体扩大销售渠道

国内电商平台如淘宝、京东、天猫等拥有庞大的用户群体和成熟的交易系统，篮球用品品牌可以通过入驻这些平台，利用平台的流量和资源优势，扩大销售规模。此外，社交媒体如微博、抖音、快手等也是推广和销售篮球用品的重要渠道，品牌可以通过发布短视频、直播等形式，综合展示产品特点和使用效果，以吸引更多潜在消费者的关注。

3.注重线上营销和品牌建设

线上营销手段多样，包括搜索引擎优化、广告投放、内容营销等。篮球用品品牌应该根据目标市场和消费者特点，制定合适的营销策略，提高品牌知名度和曝光率。此外，通过线上社区、论坛等平台与消费者进行互动，收集用户反馈和意见，不断改进产品和服务，提升品牌形象和口碑。

4.关注线上销售市场的变化和趋势

线上销售市场变化迅速，新的销售模式和渠道不断涌现。篮球用品品牌应该密切关注市场动态，及时调整销售策略和模式，以适应市场的变化并及时满足消费者的需求。

第四节 我国篮球培训业现状与高质量发展

一、篮球培训业的概念

篮球培训业是指为满足培养篮球后备人才的需要，提高篮球教学、训练、竞赛、观赏等水平，促进我国篮球事业发展的部门的集合。篮球培训主要包括对运动员、教练员、裁判员等的培训。

二、我国篮球培训业的基本现状

（一）我国少年篮球运动员的培训现状

当前，我国篮球培训业呈现出蓬勃发展的态势，尤其是在少年篮球运动员培训方面，更取得了显著的进步。然而，与此同时也存在一些问题和挑战。

从培训需求来看，随着篮球运动的普及和人们健康意识的增强，越来越多的家长和孩子选择参与篮球培训。特别是在青少年群体中，篮球运动具有广泛的影响力，这为篮球培训市场提供了巨大的发展空间和潜力。在培训机构方面，我国篮球培训机构数量不断增多，类型也日益多样化。公办和民办培训机构并存，形成了多元竞争格局。这些机构通常拥有专业的教练团队和设施，能够提供针对不同年龄段和技能水平的学员开展培训课程。

然而，我国在少年篮球运动员培训方面仍存在一些问题和挑战。一方面，一些培训机构的培训理念较为落后，过于注重比赛成绩和技能训练，忽视了运动员的全面发展。另一方面，部分教练员的水平参差不齐，缺乏科学、系统的训练方法，影响了运动员的长期发展。

篮球培训市场还面临着一些制度性和结构性问题。例如，市场监管不够规范，导致一些培训机构存在乱收费、教学质量不高等问题；同时，篮球培训资源的分布也不均衡，一些地区的培训资源相对匮乏。

针对以上问题，我国篮球培训业需要采取一系列措施加以改进和完善。首先，加强市场监管，规范市场秩序，确保培训机构动作的合法性和合规性。其次，提高教练员水平，加强培训和认证，建立一支高素质的教练队伍。最后，推动培训理念的更新和转变，注重运动员的全面发展，提高培训质量和效果。

（二）我国篮球教练员的培训现状

我国篮球教练员的培训现状呈现出积极向好的发展态势，但仍有待进一步优化和完善。

我国篮球教练员的培训体系已经初步建立，包括初、中、高三级教练员岗位培训，形成了以学历教育为基础，以岗位培训为重点的体系，为提高教练员素质和接受终身教育创造了条件，这也标志着我国篮球教练员的培养开始进入制度化、规范化轨道。

随着篮球运动的普及和受众的增加，越来越多的篮球培训机构涌现出来，为篮球教练员提供了更多的培训机会和平台。这些机构不仅提供专业的篮球培训课程，还注重教练员的水平和教学质量的提高，通过引进优秀的国内外篮球教练和专业设备，提供高质量的训练课程。

然而，尽管我国篮球教练员的培训取得了一定的成绩，但仍存在一些问题。一方面，教练员多为体育院校学生或毕业生，以及部分退役篮球运动员，其专业水平和执教经验可能不足。导致培训效果难以保证，尤其是在小型培训机构中这一问题更为突出。另一方面，部分教练员的知识结构单一，缺乏对篮球专项训练理论的深入探索和创新，同时缺乏其他相关体育科学和基础学科的知识，影响其执教水平和能力。

为了改善这一现状，需要进一步加强篮球教练员的培训工作。首先，完善培训体系，提高培训质量，确保各级教练员都能接受到系统、全面的培训。其次，加强教练员的选拔和考核工作，注重其专业水平和执教经验的评估，确保他们具备良好的执教能力。最后，鼓励教练员进行知识更新和技能提升，引导他们积极探索和创新篮球训练方法，提高我国篮球运动的整体水平。

（三）我国篮球裁判员的培训现状

我国篮球裁判员的培训呈现出不断发展和完善的趋势，但仍然存在一些挑战和需要尽快提升的地方。

从培训体系和制度方面来看，我国篮球裁判员培训已经建立了一套相对完整的体系，包括不同级别的培训课程和认证机制。这些培训课程旨在提高裁判员的业务水平、专业知识水平和职业道德水平，确保他们具备公正执裁的能力。现代篮球运动发展迅速，技术和战术不断创新，裁判员需要不断更新自己的知识系统。因此，我国篮球裁判员培训注重理论与实践相结合，通过案例分析、模拟比赛等形式，让裁判员更好地掌握比赛规则和裁判技巧。

尽管我国篮球裁判员培训取得了一定的成绩，但仍然存在一些问题和挑战。一方面，部分裁判员可能缺乏足够的实战经验和应对复杂情况的能力，要改善这一局面需要在实践中不断积累经验和提升能力。另一方面，一些地区可能存在裁判员资源不足或分布不均的情况，影响了比赛的公正性和专业性。

为了进一步改善我国篮球裁判员的培训现状，可以采取以下措施：一是加强裁判员实践能力的培养，提供更多的执裁机会，让他们在实践中不断成长和进步；二是加强裁判员队伍的建设和管理，优化裁判员资源配置，确保比赛的公正性和专业性；三是加强与国际篮球裁判员的交流与合作，引进先进的培训理念和技术手段，提高我国篮球裁判员的国际竞争力。

三、我国篮球培训业高质量发展的路径

（一）加强篮球教育的普及

加强篮球教育的普及对于我国篮球培训业的高质量发展具有重要意义。

1.政府和社会各界应重视篮球教育的普及

通过政策扶持和资金投入，鼓励学校、社区和培训机构开展篮球教育活动，为更多青少年提供接触和学习篮球的机会。

2.组织开展多样化的篮球教育活动

除了传统的篮球比赛和训练课程，可以组织篮球文化节、篮球嘉年华等活动，吸引更多人的关注和参与。针对不同年龄段和技能水平的青少年，设

计适合他们的篮球培训课程和活动，满足他们的不同需求。

3.加强篮球师资力量建设

通过培训和引进优秀的篮球教练和教育工作者，提高篮球教育的专业水平和教学质量。建立激励机制，鼓励更多的篮球爱好者投身篮球教育事业，为普及篮球教育贡献力量。

4.利用现代科技手段推动篮球教育的普及

通过开发篮球教育相关的APP、小程序等，提供在线篮球教学资源和互动平台，让更多的人能够随时随地学习篮球知识和技能。

5.加强篮球文化的传播和推广

通过媒体宣传、篮球明星的示范引领等方式，提高篮球运动的社会影响力和认知度，激发更多人对篮球运动的兴趣。

（二）积极兴办各种形式的篮球培训机构

积极兴办各种形式的篮球培训机构对于提升篮球运动水平、培养篮球人才、推动篮球运动普及与发展具有重要意义。

1.优化师资力量

优秀的教练是篮球培训机构的核心竞争力。培训机构应积极招聘具有丰富教学经验和专业技能的篮球教练，并定期对教练进行培训和考核，确保教练团队的专业性和稳定性。

2.完善教学设施

篮球培训机构应提供完善的教学设施，包括篮球场地、篮球器材、训练设备等。同时，培训机构还应关注设施的安全性和舒适性，确保学员在良好的环境下进行训练。

3.创新培训形式

篮球培训机构可以创新培训形式，如开展线上课程、举办夏令营、组织比赛等，以吸引更多学员参与。此外，培训机构还可以与其他机构或企业合作，开展篮球文化交流和推广活动，提高篮球运动的普及率。

4.加强品牌宣传

篮球培训机构应重视品牌宣传，通过媒体宣传提高机构的知名度。同时，培训机构还可以邀请知名篮球运动员或教练担任形象代言人，进一步提升品牌形象和影响力。

5.关注学员成长

篮球培训机构应关注学员的成长和发展，为学员提供个性化的培训计划和指导。同时，培训机构还应积极组织学员参加各类比赛和活动，为学员提供更多的展示机会和锻炼平台。

第五节 我国篮球竞赛表演业现状与高质量发展

一、篮球竞赛表演业概述

（一）竞赛表演业

竞赛表演业由生产竞赛表演产品的法人实体（如具有企业性质的职业俱

乐部和职业联盟组织等）构成，各种竞赛表演组织生产出具有可替代的产品。这些可替代产品有两层含义：一方面是对于一般消费者而言，足球、篮球和搏击等竞赛服务都具有相互替代性；另一方面，对于有专门偏好的消费者而言，同一项目的不同赛事具有相互替代性。此外，对于商业伙伴而言，大联盟的转播权和小联盟的转播权、各俱乐部的广告权、不同位置的广告权等都具有可替代性。[1]

（二）篮球竞赛表演业

篮球竞赛表演业涵盖了职业篮球联赛、商业篮球赛事、大型篮球锦标赛以及各类社会篮球比赛等。这些赛事以运动员的精湛技艺、激烈的比赛场面以及富有观赏性的表演，吸引观众的关注和参与。

同时，篮球竞赛表演业还涉及赛事的组织、运营、市场推广等方面。通过合理的赛事策划、精心的场地布置、高效的媒体宣传等手段，提升赛事的知名度和影响力，从而吸引更多的观众和赞助商，实现经济效益和社会效益的双赢。篮球竞赛表演业还与媒体、广告、赞助等相关产业紧密关联，形成了完整的产业链。通过电视转播、网络直播、现场观赛等多种方式，将篮球赛事传播给更广泛的受众群体，进一步推动篮球竞赛表演业的发展。

二、我国篮球竞赛表演业市场供给主体的发展现状

（一）我国篮球竞赛表演业市场供给主体的规模

我国篮球竞赛表演业市场供给主体的规模在不断扩大。随着篮球运动的

---

[1] 陈云开. 竞赛表演产业及其市场构成[J]. 天津体育学院学报，2002（1）：18-20.

普及和人们对体育娱乐需求的增加，越来越多的企业和机构开始涉足篮球竞赛表演业，形成了多元化的市场供给主体。这些供给主体包括职业篮球俱乐部、篮球培训机构、体育赛事组织公司、媒体传播机构等。他们通过组织篮球比赛、培训篮球人才、推广篮球文化等方式，为市场提供了丰富的篮球竞赛表演产品和服务。

随着市场需求的不断增长，这些供给主体也在不断扩大规模，提高服务质量和水平。例如，职业篮球俱乐部通过引进高水平外援、加强青训体系建设等方式提升球队实力，吸引更多观众和赞助商；篮球培训机构则通过优化教学设施、提升教练水平等方式提高培训质量，满足更多学员的需求。

需要注意的是，尽管我国篮球竞赛表演业市场供给主体的规模在不断扩大，但仍然存在一些问题和挑战。例如，市场竞争激烈、盈利模式不清晰、人才短缺等问题都会制约市场的进一步发展。因此，需要政府、企业和社会各方面共同努力，通过加强政策支持、推动产业升级、加强人才培养等措施，进一步促进篮球竞赛表演业市场的健康发展。

（二）我国职业篮球俱乐部的建制

在我国，职业篮球俱乐部为适应不同的发展需求和市场环境，其建制呈现出多样化的特点。

1.省市体委或部队与企业合作创办的俱乐部

这类俱乐部通常由体委或部队提供运动员、教练员和训练场馆等资源，而企业则提供资金支持。在经营管理上，有的由体委自己负责，有的则由双方共同参与管理。这种合作模式有助于整合各方资源，推动篮球运动的发展。

2.企业独资创办的俱乐部

这类俱乐部完全由企业出资创办，拥有较大的自主权和灵活性。企业可以根据市场需求和自身发展战略制订适合俱乐部的经营计划和目标。

在机构设置方面，我国职业篮球俱乐部相较于美国等篮球强国仍存在一定的差距。美国的职业篮球俱乐部内部分工细致明确，通常包括竞赛部、经营部、财务部、推广部、行政管理部、联络部、法律服务部等多个部门，各部门相互配合，共同为俱乐部和球队的发展服务。在我国，多数俱乐部的机构设置相对简单，主要包括办公室、财务部、竞训部等少数几个部门，一部分俱乐部几乎没有专门的机构设置，法律机构更是基本空白。

（三）我国职业篮球俱乐部的经营现状

我国职业篮球俱乐部的经营有以下几方面的特点。

第一，我国职业篮球俱乐部在战略资源上存在明显不足。尤其是高水平运动员和教练员的缺乏，使俱乐部在赛事中的竞争力受到限制。同时，转会制度的不完善导致球员权益受损，进一步影响俱乐部的稳定和发展。

第二，市场化程度低和经营渠道单一是制约我国职业篮球俱乐部发展的重要因素。与发达国家相比，我国的篮球产业整体水平低、规模小，地区发展极不平衡。俱乐部的经营收入主要依赖于门票销售、广告赞助等传统方式，缺乏多元化的盈利模式。

第三，人才匮乏也是我国职业篮球俱乐部面临的一个严峻问题。既缺乏"会"经营的人才，也缺乏"懂"管理的人才，导致俱乐部在经营管理和战略规划上缺乏专业性和前瞻性。

三、我国篮球竞赛表演业市场消费主体的发展现状

（一）我国篮球竞赛表演业市场消费主体的性别结构

我国篮球竞赛表演业市场消费主体的性别结构呈动态变化过程，其受

到多种因素的影响，包括社会文化背景、经济发展状况、体育产业发展政策等。

从历史趋势来看，篮球作为一项普及度较高的运动，其消费主体在性别结构上呈现出相对平衡的特点。男性由于生理特点和传统社会角色定位，一直以来都是篮球运动的主要参与者和消费者。然而，随着社会的进步和女性地位的提高，越来越多的女性开始关注和参与篮球运动，女性消费群体在篮球竞赛表演业市场中的比例也在逐渐增加。

同时，篮球竞赛表演业市场的发展也促进了性别结构的平衡。一方面，随着篮球运动的普及和推广，越来越多的女性开始接触并喜欢上这项运动，她们通过观看比赛、参与活动等方式成为篮球竞赛表演业市场的重要消费者。另一方面，市场主体的不断创新和多元化也吸引了更多女性消费者的关注，如举办女子篮球赛事、推出适合女性消费者的产品和服务等。

此外，社会文化背景的变化也对篮球竞赛表演业市场消费主体的性别结构产生了影响。随着现代社会对性别平等的重视和推动，女性在体育领域的参与度和影响力不断提升，这也为女性成为篮球竞赛表演业市场的重要消费主体提供了有力的社会支持。

需要注意的是，不同地区的篮球竞赛表演业市场消费主体的性别结构存在差异。在一些地区，由于文化、经济等因素的影响，男性消费者可能仍然占据主导地位；在另一些地区，女性消费者的比例则可能很高。因此，在分析和研究篮球竞赛表演业市场消费主体的性别结构时需要充分考虑地域差异和文化背景等因素的影响。

总的来说，我国篮球竞赛表演业市场消费主体的性别结构正在逐渐走向平衡，女性消费者的比例在不断增加。然而，要实现真正的性别平衡，还需要政府、企业和社会的共同努力，推动篮球运动的普及和发展，提高女性在体育领域的地位和影响力。

（二）我国篮球竞赛表演业市场消费主体的年龄结构

我国篮球竞赛表演业市场消费主体的年龄结构呈现出多元化的特点。从整体来看，这一市场的消费主体涵盖了各个年龄段的人群，但不同年龄段的人群在消费行为和偏好上存在着一定的差异。

首先，青少年群体是我国篮球竞赛表演业市场的主要消费力量。他们对篮球运动充满热情，关注篮球赛事和明星球员，愿意为观看比赛、购买相关商品等支付一定的费用。此外，随着学校体育教育的加强和篮球培训机构的兴起，越来越多的青少年开始参与篮球运动，这进一步推动了青少年消费群体的增加。

其次，中青年人群也是篮球竞赛表演业市场的主要消费主体。这部分人群通常具有一定的经济基础和稳定的收入来源，对篮球赛事的观赏水平和消费能力更强。他们不仅关注国内的职业联赛，还关注国际篮球赛事，愿意为高质量的比赛和体验支付更高的费用。

最后，老年人群虽然在篮球竞赛表演业市场中的消费比例相对较低，但随着健康意识的增强和休闲生活方式的普及，越来越多的老年人开始关注和参与篮球运动。他们可能更关注养生篮球、健身篮球等形式的比赛和活动，具有一定的消费潜力。

需要注意的是，不同年龄段的消费者在篮球竞赛表演业市场中的消费行为和偏好受到多种因素的影响，包括个人兴趣、经济状况、文化背景等。因此，市场主体在制定营销策略和推广活动时需要充分考虑不同年龄段消费者的需求和特点，提供更有针对性的产品和服务。

四、我国篮球竞赛表演业高质量发展的路径

（一）完善我国篮球竞赛表演业市场管理体制

现阶段，我国篮球竞赛表演业市场管理体制的完善对于提升整个行业的发展质量至关重要。

首先，加强顶层设计，明确发展目标和战略定位。通过制订长期发展规

划，明确篮球竞赛表演业在我国体育产业发展中的地位和作用，以及未来的发展方向和重点任务。确立清晰的发展战略，包括提升竞赛水平、加强品牌建设、推动市场化运作等方面，为行业的持续发展提供指导。

其次，政事分开、管办分离是完善管理体制的核心原则。这意味着我们需要转变政府职能，将更多的管理权限下放给市场和社会组织，激发市场主体的活力和创造力。政府应主要承担规划、监管和服务的职责，而具体的赛事组织、运营和推广等工作应交由专业的机构或企业来负责。

再次，在优化市场环境方面，要建立健全市场准入和退出机制，确保市场主体的合法性和规范性。同时，要加强市场监管，打击不正当竞争和违法违规行为，维护公平、公正、透明的市场环境。此外，还应加强知识产权保护，鼓励创新和创意，提升篮球竞赛表演业的整体竞争力。

然后，为了提升服务质量和水平，要加强人才培养和引进。通过建立健全人才培养机制，培养一批懂市场、懂管理、懂技术的专业人才，为行业的发展提供有力的人才保障。同时，要积极引进国际先进的管理经验和技术手段，快速提升我国篮球竞赛表演业的国际化水平。加强国际合作与交流也是提升我国篮球竞赛表演业发展水平的重要途径。通过与国际篮球组织、赛事机构等建立合作关系，引进国际先进的赛事理念、运营模式和技术手段，提升我国篮球竞赛表演业的国际影响力。

最后，要注重社会责任和可持续发展。在追求经济效益的同时，要关注社会效益和环境效益，推动篮球竞赛表演业与社会的和谐发展。通过举办公益活动、推广篮球文化等方式，提升公众对篮球运动的认知度和参与度，为行业的长期发展奠定坚实的基础。

（二）优化产业结构，扩大市场供给主体规模

为促进我国篮球竞赛表演业发展质量的提升，优化产业结构与发展市场供给主体是关键所在。

1.优化产业结构

优化产业结构是提升我国篮球竞赛表演业发展质量的重要途径。当前，我国篮球竞赛表演业在产业结构上还存在一些问题，如产业链不完整、附加值不高等。因此，需要从以下几个方面着手优化产业结构。

（1）完善产业链

加强篮球竞赛表演业上下游产业的衔接，形成完整的产业链，包括赛事策划、组织、运营、推广等环节，以及与之相关的媒体传播、票务销售、衍生品开发等产业。通过完善产业链，提升整个行业的附加值和竞争力。

（2）推动产业升级

鼓励企业加大技术创新和研发投入力度，提升产品质量和服务水平。同时，引导企业向高端化、智能化、绿色化方向发展，推动篮球竞赛表演业升级。

（3）培育龙头企业

通过政策扶持和市场机制培育一批具有核心竞争力、能够引领行业发展的龙头企业。这些企业应具备强大的资源整合能力、品牌影响力和市场开拓能力，能够带动整个行业的快速发展。

2.扩大市场供给主体规模

发展市场供给主体是提升我国篮球竞赛表演业发展质量的另一重要方面。市场供给主体的多元化和专业化，能够为消费者提供更多样化、更高质量的产品和服务。

（1）放宽市场准入限制

降低市场准入门槛，吸引更多社会资本进入篮球竞赛表演业。同时，加强市场监管，确保市场主体的合法性和规范性。

（2）鼓励多元化投资

引导社会资本、民营资本等多元化投资主体参与篮球竞赛表演业的发展。通过多元化的投资主体，推动行业的资金来源多元化，降低行业风险。

（3）支持专业化发展

鼓励企业根据自身优势和市场需求，选择专业化发展方向。例如，有的企业可以专注赛事策划和组织，有的企业可以专注媒体传播和票务销售等。

通过专业化发展提升企业的核心竞争力和市场地位。

（4）加强国际合作与交流

积极引进国际先进的篮球竞赛表演业发展理念、管理技术和经验，与国际市场接轨。同时，加强与国际篮球组织、赛事机构等的合作与交流，提升我国篮球竞赛表演业的国际影响力。

（三）培育市场需求主体，实现可持续发展

为促进我国篮球竞赛表演业的高质量发展，培育市场需求主体并实现可持续发展是关键所在。

1.培育市场需求主体

市场需求主体是篮球竞赛表演业发展的根本动力。为了培育更多的市场需求主体，需要从多个方面入手。

（1）提升公众篮球文化素养

通过媒体宣传、教育推广等方式，普及篮球知识，提高公众对篮球运动的认识和兴趣，扩大市场需求。

（2）引导消费者转变观赛理念

鼓励消费者从单纯的观赛者转变为篮球文化的参与者和传播者。通过组织线上线下活动，如篮球主题社区活动、篮球文化讲座等，让消费者更深入地了解篮球运动，充分激发其观赛热情和消费欲望。

（3）开发多元化产品和服务

针对不同年龄、性别、职业等消费群体，开发多样化的篮球竞赛产品和服务。例如，针对青少年可以推出校园篮球联赛，针对职场人士可以举办企业篮球赛等，通过满足不同消费群体的需求以扩大市场规模。

2.实现可持续发展

（1）加强资源保护，实现环境友好型发展

在赛事组织、场馆建设等方面，注重资源节约和环境保护，推动篮球竞

赛表演业向绿色、低碳方向发展。加强对篮球文化遗产的保护和传承，实现文化效益与经济效益的双赢。

（2）提升行业创新能力和科技水平

鼓励企业加大研发投入力度，推动技术创新和产业升级。通过引入先进的科技手段，如大数据分析、虚拟现实等，提升赛事观赏体验和服务质量。此外，加强与高校、科研机构的合作，培养一批具有创新精神和专业技能的人才，为行业发展提供有力支撑。

（3）构建良好的产业生态和竞争环境

加强行业自律和监管，维护公平、公正、透明的市场环境。推动产业链上下游企业的协同发展，形成良性互动的产业生态。积极应对国际竞争和挑战，提升我国篮球竞赛表演业的国际竞争力。

（四）提升CBA品牌形象

CBA作为中国篮球竞赛表演业的主要代表，其品牌形象的提升将直接推动整个行业的高质量发展。

1.强化品牌识别与定位

CBA需要明确自身的品牌定位和核心价值，做到品牌形象与联赛特点高度一致。通过设计独特的标识、口号和视觉形象，提高品牌识别度，使球迷和消费者能够迅速将CBA与高品质、高竞技水平的篮球赛事联系在一起。

2.优化赛事体验与品质

提升赛事品质是树立CBA品牌形象的关键。CBA应注重提高比赛的专业性、观赏性和竞技性，通过引入更先进的技战术、加强裁判培训、提升场馆设施质量等方式，为球迷带来更加精彩的比赛体验。优化赛事安排，增加比赛场次和类型，满足不同球迷群体的观赛需求。

3.加强媒体宣传与推广

媒体是塑造品牌形象的重要渠道。CBA应加强与主流媒体的合作，通过电视、网络、社交媒体等多渠道传播联赛信息，扩大品牌知名度和影响力。举办线上线下活动，如篮球嘉年华、明星互动等，吸引更多粉丝关注和参与，增强品牌与球迷之间的联系。

4.打造明星球员与球队

明星球员和球队是提升CBA品牌形象的重要支撑。引进和培养具有国际影响力的明星球员，提升球队整体实力，打造具有竞争力的球队品牌。加强球员形象塑造和团队建设，展现CBA球员的良好形象和团队精神，提升联赛的整体形象。

5.推动国际化发展

国际化发展是提升CBA品牌形象的重要途径。CBA应积极引进国际先进的篮球理念和技术，加强与国际篮球组织的合作与交流，提升联赛的国际竞争力。通过举办跨国赛事、邀请国外球队参赛等方式拓宽国际视野，提升CBA在国际篮球舞台上的地位和影响力。

参考文献

[1]李亮.高校篮球教学研究[M].沈阳：万卷出版公司，2020.

[2]李永进.高校篮球教学改革探析[M].青岛：中国海洋大学出版社，2019.

[3]何军.高校篮球运动实践教程[M].北京：中国农业大学出版社，2018.

[4]朱慧芳，王强，丁岚.试论篮球运动的价值与魅力[J].运动，2010（11）：47-48.

[5]郭永波.篮球文化的理论框架构建[D].北京：北京体育大学，2004.

[6]高治.我国青少年校园篮球运动发展的动力机制研究[D].湖北：武汉体育学院，2016.

[7]苏思强.中学校园篮球的困境和发展对策[J].体育科技文献通报，2020，28（07）：166-167.

[8]杨森，扶晓政，陈子涵.我国校园篮球发展的成效、困境和优化路径[J].青少年体育，2021（06）：60-62，67.

[9]张宏杰，陈钧.篮球运动成功训练基础 篮球运动最新体能、营养与恢复训练手册[M].北京：北京体育大学出版社，2004.

[10]杨翼，李章华.运动性疲劳与防治[M].北京：北京体育大学出版社，2008.

[11]石大玲.运动性疲劳的防治及恢复研究[M].西安：西安地图出版社，2011.

[12]徐国富.篮球[M].西安：西安电子科技大学出版社，2015.

[13]刘学奎，刘彬，李斌.篮球运动教育教程[M].长春：吉林大学出版社，2017.

[14]王兵，杜丛新.篮球普修教程[M].武汉：中国地质大学出版社，2013.

[15]胡磊，张超.篮球运动技战术与体能营养研究[M].成都：西南交通大学出版社，2018.

[16]申甫.三人篮球[M].北京：人民体育出版社，2018.

[17]中国篮球协会，审定.三人篮球规则 附国际篮联Event Maker系统教程[M].北京：北京体育大学出版社，2018.

[18]刘敏.三人制篮球训练与实战指导[M].哈尔滨：哈尔滨地图出版社，2010.

[19]孙民治.篮球运动教程[M].北京：人民体育出版社，2006.

[20]李擎.浅析高职篮球教学中学生篮球意识的培养[J].农家参谋，2020（15）：183.

[21]林聪光.高校篮球教学训练中的篮球意识培养研究[J].当代体育科技，2019，9（05）：46-47.

[22]刘强.高校篮球教学训练中篮球意识培养研究[C]//.Proceedings of 2018 6th ICPESM International Conference on Educational Research，Leisure，Sport and Tourism（EIST 2018）（Lecture Notes in Management Science，VOL.106）.[出版者不详]，2018：278-281.

[23]李志强，芦军志.篮球[M].广州：华南理工大学出版社，2009.

[24]柏杨.校园篮球[M].上海：东华大学出版社，2019.

[25]王新.高校篮球训练研究[M].长春：东北师范大学出版社，2019.

[26]闫萌萌，张戈.当代高校篮球教学与训练实践研究[M].太原：山西经济出版社，2020.

[27]张伟，肖丰.高校篮球运动教学理论与方法研究[M].北京：新华出版社，2019.

[28]仇慧.高校篮球教程[M].哈尔滨：哈尔滨工业大学出版社，2006.

[29]范丽霞.现代高校篮球运动与教学研究[M].长春：吉林大学出版社，2018.

[30]黄宗.高校篮球运动实用教程[M].北京：现代教育出版社，2016.

[31]刘青松.高校篮球运动教程[M].北京：中国水利水电出版社，2015.

[32]张丹.高校篮球教学与实践研究[M].咸阳：西北农林科技大学出版社，2016.

[33]肖春元.大学体育篮球教学改革研究[M].哈尔滨：黑龙江教育出版社，2019.

[34]李海涛.我国竞技篮球后备人才培养现状与发展路径[J].体育文化导刊，2020（05）：61-66.

[35]谢云.我国竞技体育后备人才培养：发展现状与路径选择[J].天津体育学院学报，2022，37（05）：532-538，577.

[36]刘长军.我国青少年篮球竞赛现状与发展对策研究[D].北京：首都体育学院，2015.

[37]贾志强，董国民，贾必成.体教融合背景下我国竞技篮球后备人才培养新格局与发展路径[J].体育文化导刊，2022（03）：65-71.

[38]梁森.2017年FIBA篮球竞赛规则对篮球运动技战术的影响研究[D].广州：广州体育学院，2019.

[39]谢晏璞.FIBA篮球竞赛规则的变化对篮球技战术的影响研究[D].内蒙古：内蒙古师范大学，2014.

[40]邵显明.对篮球竞赛阵容的优化组合控制[J].荆州师专学报，1993（02）：88-90.

[41]杨振兴，杨军，白洁，等.基于大数据技术对美国职业篮球联赛的研究[J].中国体育科技，2016，52（01）：96-104.

[42]王生有.竞技篮球运动竞赛过程结构研究[J].武汉体育学院学报，2011，45（02）：97-100.

[43]黎金中.篮球竞赛规则变化对大学生篮球技术及战术的影响分析[J].西安文理学院学报（自然科学版），2021，24（04）：94-98.

[44]郑文清，林岩光.论篮球竞赛规则演变的主导思想及其发展趋势[J].福建师大福清分校学报，2010（02）：62-67.

[45]柴云梅，严慧琳.美国男子职业篮球联赛治理主体和治理机制研究[C]//中国体育科学学会.第十二届全国体育科学大会论文摘要汇编——墙报交流（体育社会科学分会）.[出版者不详]，2022：3.

[46]于镇.中美男子职业篮球联赛研究成果比较的可视化分析[C]//中国体育科学学会.第十三届全国体育科学大会论文摘要集——墙报交流（体育社会科学分会）.[出版者不详]，2023：3.

[47]杨垣，蒲亚昆.篮球教练员竞训指导手册[M].昆明：云南民族出版社，2007.

[48]于振峰.新时期我国竞技篮球项目后备人才培养研究[M].北京：北京体育大学出版社，2012.

[49]赵芮，颜海波.CBA联赛运营现状及发展对策研究[J].四川体育科学，2017，36（05）：4+20.

[50]孙仲夏.CBA职业联赛的困境与改革路径分析[D].昆明：云南农业大学，2017.

[51]刘宪俊.CBA球迷现场观赛支付意愿及影响因素分析[D].上海：上海体育学院，2021.

[52]王新雷，练碧贞，张晓丽，等.中国男子篮球职业联赛组织管理机制评价模型构建及实证研究[J].北京体育大学学报，2017，40（03）：101-10.

[53]陈钰婷，赵国华，王楚楚，等.中国职业篮球联赛市场化运行机制创新研究[J].浙江体育科学，2020，42（03）：48-51+56.

[54]曾伟志.CBA与NBA俱乐部管理体制比较与分析[J].佛山科学技术学院学报（社会科学版），2017，35（04）：79-81.

[55]刘海明.中美青少年校园篮球发展模式的比较研究[D].太原：山西大学，2021.